LA PHILOSOPHIE DES COMBATTANTES AFRICAINES

LA PHILOSOPHIE DES COMBATTANTES AFRICAINES

Dr. François Adja Assemien

THE REGENCY PUBLISHERS

ISBN: 978-1-962313-74-2   (Paperback Edition)
ISBN: 978-1-962313-75-9   (Hardcover Edition)
ISBN: 978-1-962313-73-5   (E-book Edition)

Book Ordering Information

The Regency Publishers, US
521 5th Ave 17th floor NY, NY10175
Phone Number: (315)537-3088 ext 1007
Email: info@theregencypublishers.com
www.theregencypublishers.com

Printed in the United States of America

Sommaire

La Philosophie Des Combattantes Africaines

Activistes, savantes, héroïnes, patriotes, panafricanistes, traditionnalistes, kemitistes, afrocrates

Du Même Auteur

Les Rebelles Africains, roman, Edilivre, 2016
Les Règles d'or du bonheur, du succès, de la santé et du salut personnel, Edilivre, 2016
Introduction à la philocure, essai, Edilivre, 2016
L'Afrique interdite, roman, Edilivre, 2016
Le Monde ne vaut rien, essai, Edilivre, 2016
La Côte d'Ivoire a mal, essai, Edilivre, 2018
Président Donald Trump et les Africains, essai, Edilivre, 2020
L'Art de vivre en Amérique, guide, Edilivre, 2019
Education morale et spirituelle, manuel, Edilivre, 2019
La Conscience Africaine, essai, Edilivre, 2016
Thomas Sankara comme Thomas More et Socrate, essai, Ouagadougou, 2020
Ahikaba, roman, Mary Bro Foundation Publishing, London, 2018
Code électoral, satire, Black Stars, 1995
Portrait du bon et du mauvais électeur, du bon et du mauvais candidat, essai, Black Stars, 2000
La Côte d'Ivoire et ses étrangers, essai, Black Stars, 2002
La Pensée politique pour sauver la Côte d'Ivoire, essai, Afro-Star, 2003
Le Guide africain de philosophie, de sciences humaines et d'humanisme, Abidjan, 1985

L'Afrocratisme contre le nouvel ordre mondial, essai, The Regency Publishers, 2023
The Current slavery in Africa, essay, Global Summit House, 2000
Corona virus, essay, Global Summit House, 2000
Let's save humanity and life, essay, Global Summit House, 2021
La Puissance des femmes américaines, essai, GoldTouch Press, 2021
The Power of American women, essay, GoldTouch Press, 2021
Philosophy about life, essay, Global Summit House, 2021
La Philosophie de l'esprit africain, essai, l'harmattan, 2021
America is Paradise, essay, Author's Note, 360, 2021
La Philosophie de la puissance américaine, essai, The Regency Publishers, 2022
La Philosophie de la faiblesse et de la folie, essai, The Regency Publishers, 2022
Le Mali de Assimi Goïta et la révolution africaine, essai, Great Writers Media, 2022
La Philosophie de l'amour, essai, The Regency Publishers, 2022
La Philosophie du développement personnel, essai, The Regency Publishers, 2023
La Philosophie et l'homme supérieur, essai, The Regency Publishers, 2023
L'Homme supérieur et l'homme inférieur, essai, The Regency Publishers, 2023
La Volonté de bonheur, essai, The Regency Publishers, 2022
Les Buts et les dangers des vaccins covid, essai, The Regency Publishers, 2022

Introduction

Nous devons reconnaissance et récompense à toutes les vaillantes femmes qui combattent quotidiennement pour le changement et l'amélioration du monde et de la vie humaine. Nous devons leur rendre un hommage bien mérité. Ce livre a justement pour but de les féliciter, de les remercier, de les honorer et de les glorifier. Nous voulons magnifier ici toutes les braves combattantes, toutes les héroïnes connues et inconnues sur la terre. En Afrique actuelle, leurs figures de proue, leurs symboles ou avant-gardistes sont incontestablement Nathalie Yamb, Amina Fofana, Arikana Chiombori-Quoa, Fatou Diome, Aminata Dramane Traoré, Angélique Kidjo, Sylvie Baïpo Temon, Theresa Bouams, Ama Mazama, Ébène Bouanay, Farida Bemba Nabourema, Tamu Mazama, Edith Pulchérie Gbalet et autres. Nous voulons souligner ici leur valeur, leurs mérites et leurs apports à la lutte de libération et de reconstruction de l'Afrique. Ce faisant, nous invitons toutes les autres femmes africaines à les rejoindre et à venir gonfler les rangs des lutteurs. Nous voulons réveiller, conscientiser, mobiliser, encourager et inciter toutes les Africaines à entrer dans le combat libérateur et salutaire. Il faut que toutes les femmes du monde luttent pour restaurer la puissance, la grandeur, la dignité, la souveraineté de tous les peuples opprimés, dominés, néocolonisés, néo-esclavagisés. Ainsi l'Afrique a besoin de l'aide, du concours de toutes ses filles pour pouvoir se redresser, se remettre sur ses pieds et marcher vers un avenir meilleur, radieux et glorieux.

En effet, sans la participation très active et fructueuse de chaque femme de la terre à cette lutte générale et titanesque, notre planète et notre chère Afrique sombreront pour toujours dans l'abîme. La solidarité et la cohésion de toutes les femmes pour le combat sont indispensables. L'union fait la force, la paix, la victoire, le bonheur, la sécurité et le salut de tous. Les amazones actuelles que nous allons présenter ici sont des modèles. Elles devront inspirer, guider et entraîner les femmes dormeuses, inconscientes et irresponsables. Elles représentent des phares, des boussoles par leur exemplarité militante, patriotique. Elles mènent un combat farouche et salutaire contre les bourreaux, les prédateurs, les ennemis de l'humanité et de la civilisation. C'est dans l'intérêt de tous. Il s'agit d'un combat qui conduira tous les peuples à un monde multipolaire, c'est-à-dire à la république des fins éthiques. C'est le monde dans lequel règneront la liberté, la justice, l'égalité, la paix, la sécurité, l'harmonie, le bonheur de tous et de chacun. Beaucoup de peuples dominés et opprimés sont révoltés contre leurs dominateurs, les bourreaux du monde unipolaire. Ils sont au combat, au travail qui les libèrera et les sauvera. L'apport ou la contribution des peuples africains à ce combat fait cruellement défaut. C'est très dommage. C'est très honteux.

Les Russes, les Chinois, les Indiens, les Brésiliens et autres se battent pour réaliser le beau rêve ou l'idéal de la multipolarité mondiale. Cela explique la présente guerre qui se déroule en Ukraine laquelle guerre oppose le monde du bien au monde du mal (esclavage, colonisation, guerres, prédation, impérialisme). C'est Dieu contre Satan. Cela signifie que le monde unipolaire, qui fonctionne par le mensonge, l'injustice, la barbarie, la violence, l'inégalité, l'arbitraire, la raison du plus puissant, l'esclavage, l'impérialisme, le colonialisme, la domination, la prédation, est désormais refusé et combattu. Ce monde du diable, du démon, des sorciers, des satanistes, des génocidaires, des francs-maçons, des criminels, est en déclin, en décadence. Les gens refusent d'obéir aux ordres de Rothschild, de Bill Gates, de Rockefeller, de Klaus Schwab, de la royauté anglaise, de George Soros, de Jacques Attali et autres. La nuit s'en va et le jour arrive. Il serait très absurde, très aberrant et contradictoire que des femmes protègent et acceptent la nuit évanescente, disparaissante. Car cela signifierait qu'elles n'aiment point les enfants qu'elles mettent douloureusement au monde et qu'elles veulent les voir mourir, être tués, massacrés, sacrifiés par les méchants, les pédo-satanistes, les mafieux mondialistes, les oligarques capitalistes assoiffés de sang (eugénistes, transhumanistes, antinatalistes). C'est de cela qu'il s'agit. Accepter le nouvel ordre mondial de ces derniers ou aimer le monde unipolaire, c'est être criminel, génocidaire, infanticidaire. Pour une femme, c'est refuser d'être mère. C'est être l'ennemi mortel de la femme, de la féminité et de la maternité (négation absolue de la femme). C'est, du même coup, rejeter l'humanité et la civilisation. Sachons que c'est la femme qui est le Dieu créateur, en tant qu'elle donne la vie à l'humanité. C'est la femme qui crée et entretient l'humanité par ses fonctions de procréatrice, ou de mère, de civilisatrice, d'éducatrice et de moralisatrice.

Les femmes n'ont point le droit de se supprimer, c'est-à-dire de se renier, de renoncer à leur nature de femme pour devenir on ne sait quel être. Elles ne doivent point détruire l'humanité par quelque moyen que ce soit (pédo-satanisme, eugénisme, transhumanisme). Mais elles ont le sacré devoir d'humaniser, de civiliser, de moraliser, d'éduquer, de corriger la société et les hommes. Elles doivent guérir tous les malades mentaux qui gouvernent et dominent le monde. Elles doivent agir comme les amazones que sont les Nathalie Yamb, Amina Fofana, Winnie Mandela, Rosa Parks et autres.

1

NATHALIE YAMB

Nathalie Yamb est présentée sur GOOGLE comme une activiste et femme politique qui jouit de la double nationalité suisse-camerounaise. Elle est née d'un père camerounais et d'une mère suisse le 22 juillet 1969. Elle a vécu en Suisse jusqu'en 1977, lorsque sa famille et elle quittent la Suisse pour s'installer au Cameroun. Elle fait des études supérieures en sciences politiques, étudie le journalisme et la communication en Allemagne. Elle en ressort diplômée en sciences politiques et en journalisme. Elle commence sa carrière en 1992 dans l'industrie télévisuelle en Allemagne. Plus tard, elle s'installe au Cameroun où elle occupe les postes stratégiques dans l'industrie publicitaire et elle cumule une vingtaine d'années d'expérience en tant que spécialiste de la communication et ressources humaines en Europe et en Afrique.

La journaliste et consultante en stratégie a travaillé en 2005 comme responsable des ressources humaines et de la communication pour la filiale camerounaise de l'armateur Maersk. Et elle a aussi dirigé au Nigeria le service Emploi et Formation de la filiale de

Maersk d'APM Terminals, un opérateur portuaire néerlandais. Elle continue sa carrière en 2007 en Côte d'Ivoire en occupant le poste de Directrice Générale des ressources humaines pour la filiale locale de l'opérateur de télécommunication MTN. De 2009 à 2014, elle supervise le développement de compétences de l'opérateur télécom en Afrique de l'Ouest et en Afrique centrale. Ensuite, elle devient le porte-parole de John Jerry Rawlings, ancien Chef d'Etat du Ghana, puis conseillère exécutive de la mairie d'Azaguié en Côte d'Ivoire.

Nathalie Yamb se fait expulser de la Côte d'Ivoire le 3 décembre 2019. Elle se retrouve dans un avion en direction de son pays natal, la Suisse, uniquement avec son passeport, son sac à main et ses médicaments. « Officiellement, j'ai été expulsée parce que mes activités entraient en conflit avec les intérêts de la Françafrique ; autrement dit, l'influence française en Afrique », a-t-elle déclaré. Nathalie Yamb est présentement persécutée et menacée de mort par les services secrets français à cause de son combat féroce contre la Françafrique, le néocolonialisme et l'impérialisme français en Afrique (depuis son discours de dénonciation prononcé à Sotchi, en Russie). « Les services français menacent de me faire taire et de m'éliminer depuis des années. Comme ils voient que je ne me laisse pas intimider, ils ont décidé de menacer mes proches, en espérant que ceux-ci feront pression sur moi. C'est raté. Lettres et coups de fil anonymes, filatures de moi et de mes proches dans la rue (dont on nous fait parvenir des photos), en attendant les empoisonnements, les agressions et l'élimination physique que l'on fera passer pour un accident ou une crise cardiaque. Le schéma est connu et l'incapacité des services français à se réinventer rend aisé le développement de leurs agissements…Ils ont assassiné Olympio, Lumumba, Boganda, Tombalbaye, Cabral, Sankara, September, Moumié, Afana, Um Nyobé, Kadhafi etc. Leur agenda consiste aujourd'hui à éliminer Nathalie Yamb. Je tiens à leur faire savoir que même s'ils devaient réussir à me tuer, ils ne pourront pas empêcher la lutte dans laquelle je suis engagée d'aboutir.

L'Afrique se libèrera du carcan mortifère, appauvrissant et débilitant de la France et de l'Occident. Car chaque fois qu'ils pensent avoir tué le plus emblématique d'entre nous, il en renaît des milliers encore plus déterminés, plus outillés et plus hargneux pour continuer le combat jusqu'à la victoire. La souveraineté et la prospérité de l'Afrique et de ses enfants ». Nathalie Yamb est interdite d'entrer et de séjour en France. Voici son fameux discours de Sotchi qui lui a coûté son expulsion de la Côte d'Ivoire et tant d'autres préjudices. « Je souhaite en premier lieu remercier les autorités russes et Latim Afrique pour m'avoir permis de venir exprimer mon point de vue, celui de mon parti et celui du professeur Mamadou Koulibali, candidat à l'élection présidentielle de 2020 en Côte d'Ivoire, sur la souveraineté, sur les valeurs africaines, sur les urgences de développement en Afrique et le rôle que la Russie peut jouer. Parler d'identité africaine est une chose aisée. Car l'identité et les valeurs des Africains ne sont pas différentes de celles du reste de l'humanité. Nous avons les mêmes sentiments de solidarité, de compassion et les mêmes aspirations à la liberté, à la dignité, à la justice et à la prospérité. Pourtant, force est de constater qu'après l'esclavage, après la colonisation, après les pseudo-indépendances, on ne nous a reconnu que le droit d'être libres, mais seulement au sein de l'enclos français. L'Afrique francophone est encore aujourd'hui, en octobre 2019, sous le contrôle de la France. Cela remonte en 1884 lorsque les puissances coloniales se sont réunies à Berlin pour se partager l'Afrique sans que les Africains aient pourtant leur mot à dire. L'Allemagne, l'Espagne, l'Angleterre, le Portugal ont compris depuis lors qu'il fallait sortir du schéma de la conférence de Berlin et redéfinir les contours d'une nouvelle coopération avec les pays africains. Pas la France qui avance sans bouger, en portant des masques et qui considère toujours le continent africain comme sa propriété. Les peuples d'Afrique et particulièrement la jeunesse revendiquent avec de plus en plus de vigueur leur besoin de démocratie, leur droit à l'auto-détermination, le droit de décider avec qui ils veulent commercer, avec quoi ils veulent payer ce commerce sans qu'on les place sous la tutelle d'une ex-puissance coloniale qui se présente toujours sur la scène mondiale comme notre porte-parole et notre avocat. Nous voulons sortir du franc CFA que Paris, avec la complicité de ses laquais africains, veut pérenniser sous l'appellation ECO et qui ne permet aucune industrialisation de l'Afrique francophone. La conquête de notre souveraineté monétaire est capitale. Car la seule stabilité que le FCFA garantit aux pays qui l'utilisent sont la mauvaise gouvernance, la pauvreté et la corruption. Nous voulons le démentellement des bases militaires françaises qui, sous le couvert d'accord de défense bidon, ne servent qu'à permettre le pillage de nos ressources, l'entretien des rébellions, l'entraînement des terroristes et le maintien des dictateurs à la tête de nos Etats. Nous refusons que la France continue d'usurper la voix de l'Afrique à l'ONU, qu'elle soit à la base de quasiment toutes les résolutions concernant le continent africain. Les pays d'Asie ont appris à commercer avec les investissements directs étrangers alors que nous, on nous saoule avec l'aide publique au développement. Résultat ? Aujourd'hui eux, ils sont Brics et émergents et nous, nous sommes des mendiants qui sont très fiers d'être qualifiés de pays très endettés. Cela doit changer. Cela va changer et la Russie a un rôle à jouer dans cette évolution. Mais nous ne venons pas en Russie pour chercher de nouveaux maîtres qu'on substituera aux anciens. Nous y venons pour trouver des partenaires pour faire du business gagnant-gagnant pour la Russie comme pour les pays africains concernés. L'Afrique regorge de potentialités. Mes prédécesseurs l'ont déjà dit. Il y a une population qui grandit dont 60% a moins de 30 ans, une position géostratégique, d'immenses ressources minières, naturelles, agricoles et surtout humaines. Sur le plan militaire, la présence de la Russie qui n'a pas de tradition coloniale peut permettre de rééquilibrer les choses dans les pays francophones. Et je crois que l'exemple centrafricain dont madame la ministre de la Défense pourrait mieux nous entretenir est l'un des plus parlants. En Côte d'Ivoire, nous avons, par exemple, un énorme besoin de formation militaire et de restructuration de l'armée. Sur le plan économique, la promesse de Sotchi doit être celle de la rupture avec le huit clos actuel appauvrissant où la

France semble avoir verrouillé les domaines de l'eau, de l'électricité, des routes, des ponts, des ports par des monopoles protégés par les gouvernements respectifs ou par les passations des marchés gré à gré sans appels d'offre pour que nous puissions enfin nous diriger vers une ouverture de l'économie à tous, notamment aux industries et entreprises russes dans les secteurs agricoles, miniers, énergétiques, de la transformation industrielle, de l'éducation, de la formation. Il y en a plein. Le littoral ivoirien, par exemple, qui alterne les lagunes, les fleuves et la mer, est long de 570 km et regorge d'un potentiel encore inexploité ou sous-exploité, dans le transport maritime et lagunaire, dans le désensablement des embouchures des fleuves qui peuvent devenir navigables, dans l'hôtellerie, le tourisme, l'habitat de luxe, le transport lagunaire entre les villes du littoral compte tenu de l'état désastreux de nos routes. Enfin, sur le plan politique et diplomatique, le monde et la Russie doivent cesser de nous voir à travers les lunettes déformantes du storytelling méprisant, mensonger et négationniste de la France qui nous assujettit. L'Afrique n'a pas besoin de tuteur à l'ONU. L'Afrique n'a pas non plus besoin de nouveau propriétaire. Mais la Russie y a sa place comme un partenaire dans une logique de Commonwealth, d'enrichissement partagé, de collaboration vivifiante et innovante entre les secteurs privés respectifs. Le monde bouge, les lignes évoluent. L'année prochaine est celle des élections présidentielles au Togo, au Burkina Faso, au Niger, en Centrafrique, en Guinée et en Côte d'Ivoire pour ne parler que de l'Afrique francophone. Espérons que celles-ci verront l'arrivée au pouvoir des dirigeants réellement choisis par les peuples qui privilégieront enfin l'ouverture sur le monde et d'innovantes opportunités d'affaires à l'asservissement bête et stupide aux colons d'hier et d'aujourd'hui. Je vous remercie ».

2

AMINA FOFANA

Amina Fofana est une Malienne. Elle est architecte émérite et activiste politique. Elle est panafricaniste. C'est une grande figure de la révolution malienne. Elle représente son pays au parlement panafricain. Elle lutte farouchement contre le néocolonialisme français (françafrique). Elle est membre du Conseil national de la transition au Mali (CNT). Amina Fofana révèle des choses terribles sur la crise malienne : « La France a violé l'accord à plusieurs reprises. Mais les autorités ont affirmé notre souveraineté et ont stoppé cette invasion. La France est de connivence avec les terroristes. C'est l'armée française qui nous a fait perdre Kidal. D'ailleurs des soldats français y ont été tués. C'était un secret-défense mais maintenant on peut le dire. Chaque fois qu'il y avait des attaques contre les terroristes, des Français étaient tués. Dans cette lutte, la France n'a produit aucun résultat. Elle n'a même pas tué 100 terroristes. On se souvient que ceux que la France tuait se réveillaient et l'année suivante, la France les tuait encore. Mais depuis que la Russie est là, en quatre mois, la coopération est incomparable. Des milliers de terroristes ont été neutralisés et les déplacés sont en train de rentrer chez eux. Les FAMA sécurisent les sites ».

Amina Fofana dénonce l'accord de Défense existant entre le Mali et la France ainsi que la trahison de cet accord par les Français. La France a posé « un acte de trahison en coopérant avec Mocktar Al Mocktar qui était un mercenaire recherché par les Occidentaux parce qu'il avait égorgé un ambassadeur. Les Français l'ont fait venir pour travailler avec eux, pour tuer les soldats maliens. A l'époque, l'armée malienne avait été empêchée d'aller à Kidal. C'est comme ça qu'ils nous ont affaiblis pour nous imposer l'accord d'Alger et l'accord de Défense. L'accord de Défense a été signé le 7 juillet 2015 mais le Mali n'a jamais pris connaissance du contenu. Il n'a même pas été voté à l'Assemblée nationale. C'est donc un accord illégitime et illégal. Cet accord donnait tous les pouvoirs à la France sur le Mali. Par exemple, la France avait le contrôle total de l'espace aérien et terrestre du Mali. Les FAMA devaient aller prendre des permissions avec la France si elles voulaient circuler ou même survoler leur propre espace aérien. Il fallait des autorisations de la France et de la MINUSMA. « La France pouvait nous empêcher de tout faire et il en était ainsi la plupart du temps. C'était la France qui espionnait les FAMA (forces armées du Mali) pour le compte des terroristes. Chaque fois qu'elles tombaient dans une embuscade, c'était parce que la France avait des renseignements sur elles et qu'elle les donnait à ses amis terroristes ». Dans ledit accord, c'est le Mali seul qui devait répondre des crimes de l'armée française. En outre, « elle avait le droit d'entrer dans le pays avec son matériel et en sortir avec les ressources minières, l'or. Sans payer de taxe, sans aucun contrôle. Une fois, tout un conteneur d'or avait été saisi par la douane. IBK était encore Président et c'est Macron lui-même qui a appelé pour qu'on laisse passer le conteneur. C'est tout cela qui a été rendu impossible avec la prise du pouvoir par nos dignes colonels et notre digne Premier Ministre, le docteur Shoguel Maïga. Macron a dit que le gouvernement était illégal et illégitime, comme s'il était malien. Il a même demandé à la CEDEAO de prendre des sanctions contre le Mali. Et la CEDEAO a obéi. La réponse du Mali a été la diversification des partenaires militaires avec la Russie, la Turquie, l'Iran, la Chine, etc. La rupture diplomatique à travers l'expulsion de l'ambassadeur s'est imposée ». Amina Fofana accuse la France d'armer les terroristes, d'avoir bloqué un avion totalement payé par le Mali. « Ils ne l'ont pas livré. La France était un partenaire qui militait pour la prolifération du terrorisme afin d'envahir le territoire malien et avoir le Mali sans les Maliens ». Elle ajoute : « Avec la Russie, c'est un partenariat sérieux, gagnant-gagnant. Or, avec la France, quand nous achetions des armes avec l'argent du contribuable malien, elle nous donnait des armes et des avions de la deuxième guerre mondiale. La France armait et renseignait les terroristes. Le Président Assimi Goïta et son équipe avaient écrit à Macron pour demander la révision de l'accord d'Alger et nous avons exposé notre proposition. La France n'a pas répondu. En février, elle s'en ira ». Il est à noter que le Mali du colonel Assimi Goïta a cessé d'appliquer le pacte colonial, c'est-à-dire les onze accords secrets écrits par la France et imposés à ses ex-colonies africaines. Amina Fofana donne des détails : « C'est ce qui explique l'agitation de l'Occident et particulièrement de la France en ce moment. Depuis sa prise de pouvoir, le digne Président patriote, Assimi Goïta, n'a plus payé un seul sou de la dette coloniale. Notre ministre des Finances n'a plus de contact avec le ministre des Finances français. Il ne connaît même pas Bruno Le Maire. Aujourd'hui, le Mali est libre de nouer des partenariats avec qui il veut et de les diversifier. D'ailleurs, un projet d'écriture d'une nouvelle constitution est en réflexion en vue d'instaurer une langue nationale, notamment, le Bambara comme langue officielle ».

L'Amazone du Mali attaque encore la France : « Wagner est la bienvenue ! On est face à un échec de nos partenaires. On se demande pourquoi le terrorisme ne s'arrête pas. Tous les objectifs que la France a énoncés pour venir ici ne sont pas atteints. Donc je pense que Wagner a déjà fait ses preuves par le passé et la Russie est la bienvenue parce que je sais historiquement qu'elle a déjà collaboré avec nous pendant les indépendances et c'était devenu une véritable puissance. Et après on a régressé ; jusqu'à présent, on n'a pas atteint le niveau des indépendances. Avec la France, c'est la colonisation et non un partenariat. Rien qu'à regarder le contenu de l'accord de Défense, c'est grave ; et l'accord d'Alger. Donc les Français sont là plutôt que de nous aider à recouvrer notre souveraineté territoriale, ils sont là pour diviser le Mali. Ce sont des propos trop controversés et le sang des Maliens a beaucoup coulé. Des villages brulés, des femmes éventrées, des hommes égorgés, des bétails brûlés. Le Mali n'a jamais été aussi bas qu'avec la coopération française. Donc oui à la coopération avec Wagner. Après l'échec de la France, on est libre de chercher un autre partenaire. C'est la France qui maintient Kidal. Elle est la source de nos maux. Donc oui à la collaboration avec la Russie sous toutes les formes, tous les plans ».

3

FARIDA BEMBA NABOUREMA

Farida Bemba Nabourema est née le 19 avril 1990 à Lomé, au Togo. Elle y a fait ses études primaires et secondaires. Elle a poursuivi ses études supérieures aux Etats-Unis d'Amérique. Elle a embrassé la filière de relations internationales avec pour option « Le Moyen Orient ». Elle est écrivaine, activiste, défenseuse des droits des Togolais, des Africains. Commençons par présenter ici sa Lettre ouverte aux Chefs d'Etat africains. « Chers Chefs d'Etat africains, je suis très déçue par votre indifférence et énervée qu'à ce jour, la majeure partie des efforts fournis par le monde pour contenir le virus Ebola soit étrangère au continent africain. Je viens par cette lettre ouverte solliciter votre attention sur un problème qui mine l'existence de notre peuple. Il est question du virus Ebola que vous savez avoir détruit des milliers de vies en Afrique de l'Ouest depuis plus d'un semestre. Les dernières données de l'Organisation Mondiale de la Santé (OMS) indiquent que plus de 4500 personnes ont déjà succombé à ce virus qui se propage à une vitesse vertigineuse et plus de 9000 personnes sont présentement infectées.

Le plus effrayant est que l'OMS estime que d'ici la fin de l'année, le virus pourrait infecter en moyenne 10000 personnes par semaine. Avec un taux de décès de près de 70%, ceci sous-entend que d'ici la fin de l'année, si rien n'est fait, près de 7000 Africains décèderaient par semaine. Jamais dans notre histoire nous n'avons été touchés par une épidémie de cette ampleur. Certes, le paludisme, le VIH/Sida et la faim n'ont pas été tendres avec nous mais au moins dans ces cas, la contamination n'est pas aussi rapide que dans celui d'Ebola, chose qui rend ce virus plus dangereux que tous les autres auxquels nous avons eu à faire face. Si je vous écris cette lettre, messieurs les dirigeants, c'est parce que je suis écœurée, attristée et inquiétée par votre indifférence devant une situation aussi grave. Selon l'ONU, il faut un milliard de dollars pour contenir et éradiquer la fièvre d'Ebola dans les pays affectés, à savoir en Guinée, au Liberia et en Sierra Leone. A ce jour, nous avons les USA et l'Union européenne qui disent avoir investi près de 250 millions de dollars dans ce combat. La Chine a, quant à elle, fourni des équipements médicaux d'une valeur de 5 millions de dollars. Le Japon a contribué pour 22 millions de dollars et Cuba a envoyé plus d'une centaine de professionnels de la santé dans les pays touchés. La Banque africaine de développement compte débloquer ensemble avec la Banque mondiale 400 millions de dollars dans ce même sens.

Mais chers messieurs les dirigeants africains, le seul effort que vous avez officiellement fait de votre part pour contenir l'épidémie d'Ebola est d'isoler vos frères et sœurs de la Guinée, du Nigeria, du Liberia et de la Sierra Leone. Quand ce n'est pas le Kenya qui interdit les vols en provenance du Liberia, c'est le Ghana qui le fait avec le Nigeria ou c'est la Côte d'Ivoire et le Sénégal qui ferment leurs frontières voisines aux pays victimes de la fièvre d'Ebola ou encore le Maroc qui se retire de l'Organisation de la Coupe d'Afrique des Nations (CAM) par peur d'Ebola. Certes, ce sont des mesures préventives pour protéger vos peuples et je ne peux qu'encourager des efforts dans ce sens. Toutefois, laissez-moi vous dire que quand la maison de votre voisin brûle, il ne suffit pas de fermer vos portes et fenêtres pour empêcher les flammes de consumer votre propre maison. Vos actions qui ne sont pas accompagnées d'aucun soutien à vos voisins se présentent comme suit : « Que ces gens ne viennent pas nous contaminer ici ; laissez-les mourir entre eux ».

Je suis très déçue par votre indifférence et énervée qu'à ce jour, la majeure partie des efforts fournis par le monde pour contenir ce virus soit étrangère au continent africain. Je ne refuse pas que nous sommes presque tous démunis, mais je sais aussi, en tant qu'Africaine, que la solidarité existe dans notre culture et que dans nos communautés, quand un drame se produit, chacun participe à sa manière. Du plus riche au moins nanti, du plus grand au plus petit et du plus diplômé au moins lettré. Mais là, je me rends compte que vous, dirigeants africains contemporains, n'incarnez point cette culture et êtes tout le contraire de ceux qui ont lutté pour les indépendances de ces pays que vous prétendez diriger aujourd'hui. Au temps de Kwame Nkrumah, Sylvanus Olympio, Julius Nyéréré, Modibo Keïta, Abdel Nasser, Sékou Touré, Habib Bourguiba, Jomo Kenyatta, la Guinée n'eut pas de soucis à se faire quand la France a choisi de la dépouiller après son indépendance car les pays frères l'ont soutenu avec des ressources humaines, financières et matérielles. Mandela a su compter sur nombre de ces dirigeants pour combattre l'Apartheid en Afrique du Sud. Le Zimbabwe a aussi bénéficié du soutien des voisins et amis pour chasser les « Rhodésiens » et se libérer du joug de la Grande Bretagne ; les exemples sont légion.

Vous, la nouvelle génération de dirigeants africains, êtes un véritable déshonneur pour vos prédécesseurs. Tellement vous êtes nonchalants, laxistes et passifs devant la souffrance de votre peuple et la douleur de vos voisins que je me demande si vous êtes vraiment des Africains. Vous faites partie des dirigeants les plus riches de la planète quand nous, vos peuples, sommes les populations les plus misérables au monde. Jamais il ne nous vient à l'esprit de penser à nous autonomiser et à œuvrer pour notre émancipation. Tout ce qui vous importe est comment piller nos ressources ensemble avec vos maîtres de la métropole et quémander de l'aide à un soi-disant développement qu'on ne voit jamais comme des mendiants. Aucun d'entre vous n'est capable de débloquer un petit million de dollars pour soutenir la Guinée, le Liberia et la Sierra Leone mais je suis persuadée que si Barack Obama vous invite à Washington pour un sommet US-Afrique Ebola, vous trouverez les fonds pour y aller ensemble avec une centaine de valets aux frais des contribuables pour vous amuser dans les hôtels les plus chers des USA. Vous êtes les seuls dirigeants au monde capables de dépenser 1000 dollars pour aller quémander 10 dollars aux institutions internationales car vous êtes, semble-t-il, vaccinés contre le bon sens, la dignité et la honte.

Messieurs les dirigeants africains, je refuse de dire que j'ai honte d'être Africaine parce que mon continent est infesté par des leaders irresponsables de votre acabit. Je refuse de perdre espoir et de penser que vous demeurez éternellement au pouvoir ou ne changerez pas. Je refuse de vous laisser détruire davantage la vie de votre peuple en ignorant votre indifférence face au virus Ebola. Je sais que bon nombre d'entre vous sont sans cœur mais vous avez une cervelle qui fonctionne parfaitement bien car ne peuvent être sottes des personnes qui détournent impunément des milliards de fonds publics. Alors je vous invite à demander à votre cervelle d'arrêter pendant quelques jours de penser à comment voler l'argent du peuple et à réfléchir sur quoi faire pour éradiquer le virus Ebola.

Sachez pour votre gouverne que personne n'a une immunité contre ce virus et que vos proches et vous pouvez aussi contracter ce virus. Je ne souhaite pas voir l'Afrique transformée en cette Europe du Moyen Age dont la moitié de la population fut décimée par la peste. Comme les rois d'Europe, vous aussi risquez de périr si ce virus n'est pas éradiqué. Et ne pensez surtout pas que de la manière dont vous allez en Europe, en Amérique ou en Asie pour vous soigner quand vous souffrez d'une carie dentaire, d'une indigestion ou d'une impotence sexuelle, vos hôtes vous recevront quand il s'agira d'Ebola. C'est en Afrique que vous mourrez et personne ne vous offrira un cercueil en or serti de diamant dont vous, amoureux de l'extravagance, rêvez. C'est au four crématoire que vous finirez et personne ne vous pleurera parce qu'Ebola a aboli les funérailles pompeuses. Sur une note moins sarcastique, je vous invite à faire preuve de solidarité et de bon sens pour une fois. Assistez la Guinée, le Liberia et la Sierra Leone qui sont des pays frères. Ne le faites pas pour nous, peuples africains, parce que nous savons que nos intérêts sont les derniers de vos soucis. Faites-le pour vous-mêmes afin d'avoir la chance de vivre longtemps pour continuer à piller éternellement nos ressources comme vous savez si bien le faire parce qu'en Afrique, aussi pénible qu'elle soit la vie, personne ne souhaite mourir ».

Farida Bemba Nabourema a un blog. Elle nous en parle. « 5 ans déjà que ce blog a vu le jour. Comme il passe vite le temps. Je me rappelle comme si c'était hier de mon tout premier article titré « L'Heure de la lutte a sonné ». A 19 ans, au soir de mon adolescence, avait monté en moi ce ras-le-bol contre l'injustice et l'impunité dans mon pays, le Togo. Je souhaitais vivement qu'en 2010, Faure Gnassingbé, qui a marché sur les cadavres de plus de 1000 Togolais pour accaparer le fauteuil présidentiel 5 ans plus tôt, quitte à jamais le pouvoir afin que mon cher pays recouvre sa liberté. La création de mon blog fut le point de départ de mes prises de position virulentes sur le net. Pour bon nombre d'internautes togolais, c'était nouveau de voir une fille si jeune s'acharner autant contre un régime réputé sauvage. On me soupçonna de toutes sortes de crimes et on m'accusa de dérives de tout genre. Cependant, plus de coups je recevais, plus grande était ma détermination et plus satisfait était mon ego. Pour moi, c'était une fierté d'être l'ennemie de ceux qui se complaisent dans l'injustice. Je ne me réduirai pas en victime car la guerrière que je suis a très peu joué la défense : oui j'ai attaqué. Les oppresseurs, les attentistes, les fatalistes, les pessimistes, tous ont goûté à l'amertume de ma plume. Et des amis, je m'en faisais autant que des ennemis car s'il y a une chose que même ceux qui me détestent reconnaissaient, c'est mon courage. Je ne saurai être modeste vis-à-vis de cette vertu que je me reconnaissais et que j'aurais souhaité voir en plus chez mes compatriotes. Ce courage m'a conduite à cofonder le mouvement « Faure Must Go » et à en porter son étendard aussi loin que possible. Ce courage m'a poussée à destituer Faure Gnassingbé comme Président de la République du Togo et depuis 2011, ce monsieur n'est à mes yeux que le commun des délinquants.

D'aucuns se demandent pourquoi tant de haine ? Oui la haine est ce qu'eux décèlent dans ma colère parce que leur interprétation de l'amour est masochiste. « Farida, pourquoi détestes-tu tant le régime » est une question que l'on m'a trop posée et bien qu'elle soit devenue un refrain, elle me choque toujours autant car « pourquoi ne devrais-je pas détester un régime qui torture, humilie, appauvrit et déshumanise mon peuple ? Suis-je sotte ou déjantée pour tolérer des personnes qui se plaisent à détruire la vie des autres ? Au bout de ces 5 dernières années, je suis devenue malgré moi une personne publique. La célébrité ne m'a jamais intéressée et ma froideur vis-à-vis de ceux qui essaient de se rapprocher de moi est justifiée par le fait que je sois de nature solitaire et calme. Oui Farida calme. J'aime être seule, dans mon coin et les mondanités ne me fascinent guère. Mais avec mon engagement contre le régime sanguinaire le plus vieux du continent africain, j'ai appris à m'ouvrir un tout petit peu car j'ai compris que toute seule je ne pourrai jamais changer le Togo et encore moins l'Afrique.

Vous, mes lecteurs, faites partie de ces personnes sur qui je compte pour changer les choses. Et je partage mes analyses, mes découvertes et coups de gueule avec vous, c'est justement dans le but de faire appel à votre soutien. Votre soutien pour la cause du Togo, de l'Afrique et de tous les peuples en détresse. Il y a 5 ans, le blog de Farida Bemba Nabourema est né et j'espère que dans 5 autres années, sur ce blog nous célèbrerons la victoire des peuples africains sur les forces dominatrices. A tous ceux que j'aurais blessés par mes écrits, si mes excuses peuvent guérir vos plaies, sachez que vous souffrirez éternellement parce que je ne retire rien de ce que j'ai pu avoir écrit qui vous aurait blessés. Au contraire, je le réitère car mes convictions n'ont pas changé d'un iota depuis 5 ans. Ma plume n'est pas plus saumâtre que l'égoïsme de ceux qui vous dirigent. Souffrez donc que je vous dise ce que vous n'aimez pas entendre. « Sous le choc du pilon souffre le grain de riz. Mais l'épreuve passée, admirez sa blancheur. Pareils sont les humains dans le siècle où l'on vit. Pour être homme, il faut subir le pilon du malheur » (Ho Chi Mihn) ».

Le journal burkinabè, Le Pays, lui a accordé une interview le 15 décembre 2016 à Ouagadougou.

Le Pays : On vous sait très active sur les réseaux sociaux. Pouvez-vous nous dire ce qui vous a amenée à prendre cette initiative ?

Farida Bemba Nabourema : Mes initiatives n'ont pas été inspirées par les réseaux sociaux. C'est naturellement que j'ai fait le choix des réseaux sociaux comme canal de communication car je voulais dénoncer certaines irrégularités. Etant donné que la presse véritable est censurée au Togo et aussi je me trouvais dans la diaspora, la seule alternative qui me restait pour véhiculer mes opinions, éveiller les consciences et dénoncer certaines pratiques, était les réseaux sociaux.

Le Pays : Pourquoi vous êtes-vous positionnée en tant qu'activiste?

Farida : Tout d'abord, parce que je suis née d'un papa qui, durant toute sa vie, a lutté pour un Togo libre. Pas seulement pour un Togo libre des dictateurs mais un Togo libre des impérialistes et de toute forme d'oppression. C'est à partir du combat de ce dernier que j'ai été entraînée. Je me suis donc engagée depuis mon très jeune âge.

Le Pays : Quel reproche faites-vous au pouvoir togolais ?

Je lui reproche son existence. C'est un pouvoir usurpé et imposteur qui s'impose au peuple togolais par un coup d'Etat en 1963 quand Eyadema et une horde d'anciens militaires de l'armée française ont assassiné le premier et véritable Président élu du Togo, Sylvanus Olympio. Donc je reproche au pouvoir togolais le fait qu'il existe. Il existe par procuration de la France, une puissance coloniale. Il existe pour assombrir le rêve de liberté des Togolais et pour empêcher le progrès du Togo sur toutes ses formes. C'est ce qui me révolte.

Le Pays : A travers vos postes sur les réseaux sociaux, vous décriez certains aspects de la coopération entre l'Occident et le Togo et entre l'Occident et l'Afrique de manière générale. Pouvez-vous nous dire pourquoi cette prise de position ?

Farida : Je ne suis pas contre la coopération. La réalité, c'est qu'on ne coopère pas. Les uns dominent les autres. La France est le dominant et nous sommes les dominés. Ce que je prône d'ailleurs, c'est la coopération. Que nous puissions être à un stade où nous décidons pour nous-mêmes, où nous sommes sur une base d'égalité, où nous pouvons poser nos conditions et eux, les leurs, pour qu'on discute afin de trouver un compromis pour la gestion de nos affaires. Cela, sur tous les plans comme ils le font d'ailleurs avec leurs partenaires américains, chinois et russes. Je suis pour une Afrique forte qui est à même de participer au débat. Mais, pas une Afrique à qui tout est imposé et qu'on empêche de s'exprimer. Je suis de ceux qui prônent la coopération mais ce n'est malheureusement pas le cas actuellement. On est opprimé et exploité. C'est contre cela que je m'insurge.

Le Pays : Aujourd'hui, parmi les dix pays les plus pauvres d'Afrique, sept sont francophones. Comment se traduit cette domination, selon vous ?

Farida : Elle se traduit d'abord par l'imposition aux pays africains des gouvernements tyrans. Elle se traduit aussi par l'imposition d'une monnaie tyrannique qui nous empêche d'être auto-suffisants sur le plan économique et qui nous pompe presque la totalité de nos ressources. Cette domination se traduit également par le pacte colonial qui nous pousse à payer des dettes qu'on ne devrait pas et par des soi-disant accords de coopération et de défense qui permettent à la France d'intervenir militairement dans nos pays, alors qu'elle ne devrait pas se mêler de nos affaires domestiques. Il y a aussi l'imposition de la culture française dans nos programmes scolaires, causant une aliénation de nos jeunes et de nos populations mais aussi l'incapacité de nos pays à connaître leur essor. Si fait qu'aujourd'hui, parmi les dix pays les plus pauvres d'Afrique, sept sont francophones. C'est donc une relation qui nous nuit et qui empêche notre liberté, notre émancipation et même notre survie. Il est donc impératif que nous combattions cela au même titre que nous combattons les maladies comme le SIDA, le choléra et Ebola. Car, pour moi, la première épidémie de certains pays africains, c'est la France.

Le Pays : Parlant de la présence militaire, bon nombre de pays africains subissent actuellement la menace terroriste alors qu'ils ne disposent pas de moyens suffisants pour y faire face. Ne pensez-vous pas que la coopération à ce niveau est nécessaire ?

Farida : Les premiers terroristes en Afrique ce sont les Français et les autres « partenaires », soyons honnêtes ! Le terrorisme ne se manifeste pas seulement par les bombes que des fous posent par-ci, par-là pour soi-disant revendiquer leur droit de prier un dieu qui, selon eux, aime les bombes. Le terrorisme sert à semer d'abord la peur, la terreur et à dominer quelqu'un. La France a utilisé cela depuis plusieurs années. La France nous a terrorisés à travers les guerres qu'elle a créées, les massacres qu'elle a engendrés, les génocides qu'elle a orchestrés et à travers les dirigeants tyranniques qu'elle nous a imposés dont Bokassa, Eyadema, Hissène Habré et Compaoré. Ces dirigeants ont massacré leurs populations. La France nous a aussi terrorisés à travers des programmes économiques qui nous maintiennent dans la misère. Aujourd'hui, plus d'Africains meurent de misère que des guerres et des attaques terroristes. Tous les jours, il y a des Africains qui meurent du paludisme, du choléra, de la dysenterie, du diabète, du manque d'infrastructures élémentaires et la principale cause se trouve dans ce terrorisme indirect de la France. Donc, pour moi, les premiers terroristes de l'Afrique, ce sont les puissances néocoloniales.

Le Pays : Cela dit, comment avez-vous accueilli le départ de Blaise Compaoré en fin 2014 ?

Farida : J'ai moi-même milité pour le départ de Blaise Compaoré. Je ne suis pas restée comme une observatrice. Donc pour moi, c'est un acquis pas seulement pour le Burkina Faso mais pour l'Afrique. Quand un des dirigeants pantins tombe quelque part, c'est un os de moins sur l'épine dorsale du continent tout entier. Parce qu'ils sont liés et tous, ils collaborent dans ce travail de persécution. Alors, lorsqu'on arrive à vaincre ne serait-ce qu'un seul d'entre eux, même si cela ne traduit pas que la guerre est remportée, c'est au moins une bataille de gagnée. Cela nous renforce dans nos croyances et prouve que nous pouvons faire changer les choses. Donc, ce n'est pas vraiment un accueil car je n'ai pas fait qu'observer, j'ai participé à ma manière et c'est une fierté pour nous tous.

Le Pays : Pensez-vous que le Burkina est sorti de l'auberge après le départ de Blaise Compaoré ?

Farida : Bien sûr que non. On ne sort pas de l'auberge à cause d'un seul individu. On ne libère pas un peuple. Un peuple affirme d'abord sa liberté et la maintient, par la suite. On dit souvent que la liberté s'arrache mais je ne le pense pas. La liberté est là et c'est à vous de l'affirmer. Pour cela et aussi pour la maintenir, il y a un prix à payer. Alors, le peuple burkinabè est-il arrivé à ce stade où il affirme cette liberté ? Je ne le pense pas. On a chassé le tyran, c'est vrai mais ce n'est pas assez. Il faut aller au-delà car, un individu ne fait pas un système. Un système crée des individus mais l'individu à lui seul ne peut pas créer un système. Donc il faudra d'abord fragiliser et démanteler ce système oppressif qui pousse sa source dans ce pourquoi Blaise Compaoré a été fait président. Il a été mis au pouvoir par des gens qui avaient des objectifs précis. Tant qu'on n'aura pas réussi à démanteler ce système, pour moi, la guerre n'est pas terminée.

Le Pays : « Yahya Jammeh n'est pas cet Africain qui a à cœur le bien-être de son peuple ». Parlant de système de tyrans et de dictateurs, quelle appréciation faites-vous de la situation en Gambie et en RDC ?

Farida : Sur la question gambienne, je fais partie de ceux qui pensent que Yahya Jammeh doit partir. Je ne suis pas d'accord avec ceux qui disent que Yahya Jammeh est un panafricaniste. Le monsieur s'est levé un beau matin et lorsqu'il a compris qu'il ne peut plus être président, il s'est rappelé un concept qu'on appelle le panafricanisme. Le panafricanisme n'a jamais servi à terroriser ses populations, alors que Yahya Jammeh a toujours terrorisé les Gambiens. Le panafricanisme ne sert pas non plus à s'enrichir sur le dos de ses populations. Mais, comment se fait-il que dans un pays aussi minuscule comme la Gambie, il soit le propriétaire de plus de 500000 hectares de terres quand il y a des Gambiens qui n'ont pas ne serait-ce qu'un lopin de terre pour cultiver ? Thomas Sankara n'aurait jamais fait cela. Il ne se serait jamais approprié les richesses de son pays. Lorsque vous voyez le bureau de Yahya Jammeh, on a l'impression que c'est un hôtel de luxe. Lumumba ne se serait pas accordé ces largesses. Vous ne pouvez pas sucer le sang du peuple et après venir lui dire que vous serez un bon tyran comparativement à l'Occident. Tout ce qu'il sort aujourd'hui, c'est du bluff. Malheureusement, il y a des naïfs qui mangent dans ça. Il y a des gens qui pensent qu'il suffit de dire que je suis contre la domination de l'Occident pour être panafricaniste. Il n'y a pas de bipolarité qui tienne. Dire que je suis pour l'Afrique, c'est dire que je protège l'Afrique contre tout. C'est d'abord la protéger contre vos propres exagérations, contre les aspects de sa culture qui l'empêchent d'avancer mais aussi contre les forces extérieures. On ne saurait donc tolérer des gens qui affirment nous protéger de l'extérieur alors qu'ils nous attaquent de l'intérieur. Il faudrait bannir l'oppression sur toutes ses formes en Afrique. Yahya Jammeh n'est pas cet Africain qui a à cœur le bien-être de son peuple. Si c'est maintenant que cet éveil vient en lui, je dirais que c'est trop tard. On n'apprend pas à devenir panafricaniste. Soit on l'est, soit on ne l'est pas.

Le Pays : Et s'agissant du président Kabila ?

Farida : Kabila aussi doit partir. Je suis contre ces chefs d'Etat qui pensent qu'ils ont été investis d'un pouvoir divin qui fait qu'après eux, il ne peut y avoir une autre personne d'assez intelligente, d'assez courageuse et d'assez forte pour diriger un pays. Un leader, ce n'est pas celui-là qui s'impose aux gens et qui poussent les uns à lui obéir. Un leader, c'est quelqu'un qui renforce d'autres dans leur volonté à prendre aussi le devant des choses. Nous avons eu en RDC la guerre la plus sanglante de l'histoire de l'humanité depuis la deuxième guerre mondiale. Une guerre qui a fait environ 6 millions de morts depuis qu'elle a commencé en 1997. Kabila n'a pas trouvé une solution à cela. Presque toutes les semaines, il y a des agressions au Congo. Plus de 800000 femmes, dont l'âge est compris entre 3 à 82 ans, y ont été violées. Des femmes qui sont transformées en des objets sexuels. Et Kabila n'a pas trouvé une solution à cela. Il est incapable de gérer cet immense passif. Il n'a pas les qualités intellectuelles, militaires et encore moins morales requises pour le faire. Alors, s'il pense que malgré son échec il doit toujours rester à la tête de la RDC, je soutiendrai le peuple congolais dans son élan pour la quête de la liberté et dans son combat. Si vous avez échoué, on ne peut vous accorder une 3e, 4e… voire une 10e chance. L'avenir d'un peuple, ce n'est pas de la loterie. Ou vous savez gérer un pays, ou vous ne le savez pas.

Le Pays : Si vous avez l'occasion d'être en face de la jeunesse congolaise aujourd'hui, que lui diriez-vous ?

Farida : D'abord, qu'elle n'attend pas qu'un homme politique soit la solution à ses problèmes. Le changement d'un pays commence par le changement de ses citoyens sur leur manière d'appréhender la politique et les hommes politiques. Il faudrait que les jeunes congolais prennent conscience et qu'ils changent. Il faudrait que les jeunes congolais réalisent que l'heure n'est plus à la sape. Pour s'habiller, il faut d'abord manger. Il faudrait qu'ils sachent que l'heure n'est plus au dombolo car, pour danser, il faut aussi de l'énergie. Alors, si les Congolais veulent bien s'habiller et bien danser, il faudrait qu'ils reprennent possession de leur pays. Malheureusement, c'est une jeunesse qui est préoccupée par la danse, par les vêtements et par la religion. Il faut d'abord que cette jeunesse puisse reconquérir la RDC car, elle a la chance d'avoir le pays le plus riche de l'Afrique. Aucun autre pays n'a eu autant de grâce de la métropole. Le Burkina n'a pas accès à la mer, le Togo n'a pas d'or, de pétrole, de bauxite et de diamant. Mais il y a tout ça au Congo. C'est également le pays qui a payé le prix le plus fort du colonialisme. Dix millions de Congolais ont été tués en l'espace de 8 ans par le régime du roi Léopold II. Au total, plus de 14 millions de Congolais ont été tués sous la colonisation belge. Alors, avec tout ce sacrifice que leurs ancêtres ont consenti, les Congolais ont le devoir d'honorer leur mémoire en s'investissant complètement dans ce combat pour reconquérir leur pays. Ils ont le pays le plus grand de l'Afrique et si le Congo se porte bien, toute l'Afrique ira mieux. Donc, je demanderai à la jeunesse congolaise d'arrêter de se concentrer sur des futilités et de commencer à prendre son destin en main.

Le Pays : Vous avez profité de votre séjour au Burkina pour présenter également votre livre intitulé « La Pression de l'oppression ». Pouvez-vous nous en dire plus sur ce bouquin ?

Farida : C'est vrai, depuis que le livre est paru, je n'ai pas encore fait une présentation en Afrique. C'est donc, pour moi, un plaisir et un grand honneur de le faire au Burkina Faso, surtout parce que ce livre m'a été inspiré à 80 % par Thomas Sankara. Donc, le fait d'être dans son pays pour le présenter pour la première fois est un plaisir pour moi. Je lutte contre l'oppression sur toutes ses formes. Donc, c'est un livre par lequel on peut identifier plusieurs types d'oppression. Nous avons l'oppression religieuse, l'oppression culturelle, l'oppression économique, l'oppression intellectuelle et l'oppression basée sur le genre. Donc si vous voulez savoir ce qu'est l'oppression, « La Pression de l'oppression » est un livre que je vous recommande. Ensuite, il y est aussi question de la manière dont il faut réagir dans une situation d'oppression. Il ne suffit pas seulement de savoir que l'on est opprimé mais, il convient également de réagir quand on l'est. Je combats le défaitisme et l'attentisme. Quand on sait qu'on est opprimé, on ne croise pas les bras pour dire que c'est Dieu qui l'a voulu. Il faudrait agir et rompre la chaîne de l'oppression. Et j'essaie de donner des idées, dans ce livre, sur comment y arriver. Je ne me positionne pas comme un donneur de leçons, car mes connaissances qui sont basées sur mon éducation et mes expériences sont infimes. Mais il s'agit, pour moi, d'amener tout un chacun à aller au-delà, à chercher à comprendre au mieux ce dont il est victime et à chercher à lutter contre cela.

Le Pays : Quel est votre mot de fin ?

Farida : D'abord, je voudrais dire merci à la jeunesse burkinabè pour le service qu'elle a rendu à l'Afrique. Elle nous a permis de comprendre et de réaliser que la révolution est possible en Afrique. Certes, la révolution est un processus, mais nous nous réjouissons de savoir que ce processus est déjà enclenché au Burkina. Et c'est bien de savoir que ce processus a commencé quelque part car, on nous disait que cela était utopique. Alors le fait que la jeunesse burkinabè ait combattu et montré que les graines des figures emblématiques comme Thomas Sankara sont toujours en elle, est un réconfort pour nous qui luttons. La jeunesse burkinabè ne doit pas baisser les bras, encore moins laisser certaines personnes lui voler ce qu'elle a acquis en payant un lourd tribut avec la perte de certaines personnes comme Norbert Zongo. Alors, la meilleure manière de remercier ces personnes c'est de continuer le combat. Mais, ce combat, ce n'est pas un match de football où il y a un début, une mi-temps et une fin. Ce combat, c'est pour toute la vie et toute notre vie. Nous devons lutter. Donc la lutte de la jeunesse pour un Burkina meilleur, c'est sa vie et elle ne doit pas abandonner sa vie. (Interview réalisée par Adama Sigue).

4

AMA MAZAMA

Ama Mazama (Marie-Josée Cerol) est une Guadeloupéenne. Elle est de nationalité française. Elle est née le 8 avril 1961. Elle est docteure en linguistique et enseigne au Department of African American Studies de la Temple University des Etats-Unis d'Amérique. Elle est considérée comme la plus fervente et la plus célèbre partisane de l'afrocentrisme aux Antilles. Elle a publié des ouvrages et des articles fondés en afrocentricité . Elle est aussi prêtresse vaudou, initiée en Haïti (mambo). Elle a beaucoup travaillé en la langue créole de la Guadeloupe qu'elle rapproche des langues africaines, bantoues. Elle a publié Une introduction au créole guadeloupéen, Langue et identité en Guadeloupe : une perspective afrocentrique, L'impératif afrocentrique, Kwanza ou la Célébration du Génie Africain. Ecoutons-la ici, à travers cette interview.

MSB : Depuis maintenant plus de dix ans, vous contribuez à l'organisation de Kwanza en Guadeloupe. Pourquoi avez-vous choisi d'œuvrer pour la célébration de cette fête dans l'île ?

A.M. : J'ai fait le choix d'introduire Kwanza en Guadeloupe en 1998 et de m'impliquer activement dans la célébration de la Kwanza en Guadeloupe parce que je pense qu'il est impératif que nous ayons nos propres rituels qui nous célèbrent, qui nous reflètent sur le plan culturel et historique, et qui nous fortifient individuellement et collectivement. Trop souvent, nous nous adonnons aux rituels d'autres groupes et cela nous empêche d'être nous-mêmes en nous aliénant davantage. Si l'on prend l'exemple de Noël, entre autres, l'on voit bien que tous les symboles attachés à cette fête viennent d'ailleurs en fait de très, très loin de nous : le vieux blanc vêtu de rouge à barbe blanche et que l'on appelle le Père Noël, qui passe par les cheminées et les neuf rennes qui tirent son traîneau, la neige qui les accompagne, le sapin, etc., mais viennent du pôle Nord. Il s'agit en fait d'un mélange de légendes chrétiennes et païennes, toutes d'origine européenne. Kwanza est une fête panafricaine, créée en 1966 par Maulana Karenga, très précisément pour nous réencrer dans nos propres traditions. Kwanza s'inscrit en effet, dans la tradition des festivals agricoles organisés depuis des millénaires en Afrique pour célébrer le moment de la récolte. Ces festivals existaient en Egypte ancienne et en Nubie.

MSB : En 2011, Kwanza a également été célébrée en Martinique. Comment cela s'est-il passé ?

A.M. : Kwanza a été célébrée de façon collective en Martinique pour la première fois, grâce à l'initiative de la Sœur Ebony Afwa Hidaya Nehanda, présidente de l'organisation Nia Khepera. Cette première célébration a été un succès puisque plus de 150 Africains de la Martinique ont répondu à l'appel et ont de toute évidence beaucoup apprécié l'esprit de Kwanza.

MSB : De façon plus générale, vous œuvrez activement pour une diffusion de l'afrocentricité ; avez-vous le sentiment que ce mouvement soit compris par nos populations ?

A.M. : Je ne sais pas si le mouvement est compris par nos populations, comme vous dites. Ce que je sais, en revanche, c'est qu'il y a un profond et croissant désir d'afrocentricité. Je vous donnerai comme exemple la cérémonie de changement de Nom que l'Afrocentricity International organise en Guadeloupe depuis deux ans, en janvier : l'année dernière, ce ne sont pas moins de 60 Guadeloupéens, de tous âges et de toutes classes sociales, qui sont venus recevoir un nom africain. Cette année, nous nous apprêtons pour la troisième édition de cette cérémonie et nous avons un important contingent de la Martinique qui fera le déplacement tout exprès pour se joindre à nous. Vous voyez donc que même si superficiellement on a l'impression que les choses ne changent pas, il y a tout de même des changements profonds qui s'effectuent. Rejeter son nom d'esclave pour assumer un nom africain n'est pas une démarche allant de soi dans l'univers colonial dans lequel nous vivons ici, loin de là, et pourtant de plus en plus d'entre nous ressentent le besoin de faire cette démarche afin de préserver et fortifier notre équilibre mental. Ces noms de Blancs dont on nous a affublé à l'abolition de l'esclavage nous fatiguent et nous affaiblissent.

MSB : La créolité semble être le mouvement dominant de nos jours aux Antilles. Quel regard portez-vous sur cela ?

A.M. : Cela ne peut nous étonner puisque la créolité est un mouvement qui préconise le statu quo fondé sur la suprématie coloniale et blanche. Cette idéologie jouit de l'appui du pouvoir en place, qui la diffuse à longueur de journée, pour nous convaincre que nous ne sommes pas Africains, mais des « créoles », c'est-à-dire des êtres sans aucune profondeur historique ou culturelle. Nous sommes aussi censés être fondamentalement pareils à ceux dont les ancêtres nous ont férocement traités et exploités, et qui eux-mêmes continuent à nous exploiter, unis que nous sommes dans ce que j'appelle une « créolité béate » dans un de mes livres.

MSB : Face à la créolité, vous pensez tout de même pouvoir être entendue et comprise par de plus grand nombre ?

A.M. : Nous ne cherchons pas à être entendus par le plus grand nombre. Ce que nous cherchons, ce sont 1000 Afrocentristes qui, munis d'une forte conscience d'eux-mêmes et d'elles-mêmes en tant qu'Africains, forts de leur connaissance de leur passé et fortifiés par leur vénération de leurs esprits ancestraux et de leurs divinités, remueront alors la terre et le ciel. C'est dans ce but que l'Afrocentricity international a été créée.

MSB : Présentez-nous l'Afrocentricity International ?

A.M. : L'Afrocentricity International est une organisation créée récemment aux Etats-Unis, sur le modèle de l'organisation de Marcus Garvey : l'UNIA. Avec Molefi Kete Asante, nous avons créé l'AL dont l'objectif premier est la renaissance africaine fondée sur des bases spirituelles africaines profondes. Elles permettront aux membres de la communauté AL de s'engager dans des actions constructives et concrètes sur le plan économique, politique et éducatif, afin de changer nos conditions d'existence et de nous permettre d'être véritablement indépendants des paradigmes débilitants. L'AL s'inscrit dans la tradition créée par Marcus Garvey et reprend à son compte le programme d'action panafricain de l'UNIA. Notre conscience n'est plus simplement « noire » mais africaine au sens culturel et historique du terme.

MSB : Que souhaiteriez-vous voir émerger au sein de nos populations dans un avenir proche ?

A.M. : Une forte conscience afrocentrique accompagnée d'un programme d'actions visant à changer véritablement nos conditions d'existence. Un changement tel que nous ne serons plus satisfaits de consommer les idées et les objets de l'Occident, mais que nous ressentirons le besoin impérieux de créer à nouveau pour nous-mêmes et par nous-mêmes. Un changement tel que nous ne permettrons plus à d'autres de nous dire qui nous sommes mais que nous nous définirons nous-mêmes et établirons nous-mêmes nos objectifs, nos intérêts, nos valeurs. En d'autres termes, que nous arrêtions de pourchasser les rêves des autres car ces rêves ne nous mènent à rien de noble mais sont en train de tourner au cauchemar, y compris pour eux-mêmes.

MSB : Actuellement, quels sont les projets auxquels vous vous consacrez ?

A.M. : Mon projet actuel, et essentiel, est la propagation de l'Afrocentricity International. Nous cherchons à ouvrir des divisions un peu partout dans le monde africain. C'est en train de se faire en Côte d'Ivoire, par exemple. Nous allons lancer l'organisation en Europe au mois de mai, avec un grand événement à Paris, les 12-13 mai 2012. Et nous irons partout dans le monde où nos sœurs et frères résident afin de partager notre vision et notre programme d'action pour la renaissance Africaine (propos recueillis par Miss Baylawa).

« La plupart d'entre nous continuent à être affublés de noms occidentaux. Que nous en soyons conscients ou non, ces noms d'esclaves ou de colonisés ont pour fonction première de nous inscrire dans l'orbite culturelle occidentale. Ces noms nous marquent en fait comme « propriété de l'Occident », tout comme le fer du colon jadis. Que l'on ne se méprenne pas : je ne parle pas simplement des noms américains dont certains raffolent ces temps-ci qui nomment leurs enfants Jimmy, Morgan, Kevin et compagnie. Je parle bien de ces noms français ou francisés que nous continuons à porter avec fierté. Cette question du nom vaut que l'on s'y arrête quelque peu (..). Et le plus tragique, c'est que nous aurions souvent le plus grand mal à citer des noms appartenant à la tradition qui est la nôtre. Dans notre inconscience et insouciance, savamment entretenues, nous maintenons et vivifions une tradition culturelle qui non seulement n'est pas la nôtre, mais qui s'évertue à nier notre humanité. L'afrocentricité suggère comme remède un processus, conscient et systématique, de relocation. Dans le cas des noms, la logique afrocentrique dicte que nous abandonnions ces noms européens dont nous sommes affligés, et que nous adoptions des noms africains, afin que notre nom coïncide avec qui nous sommes, et ce faisant, nous entretenions nos propres traditions. Si l'on est Africain, s'appeler Soundiata plutôt qu'Alexandre va de soi. L'inverse n'est pas vrai et ne peut se comprendre que dans un univers où les choses sont littéralement sens dessus dessous. C'est que nous sommes dans un état de totale dislocation, le concept avancé par l'Afrocentricité pour rendre compte des effets du processus de conversion mentionné plus haut » (par Mayombe 82).

Dans Afriquematin.net, M. Guillaume Ahi écrit ceci à propos de Ama Mazama. « Le Professeur Ama Mazama a profité de son séjour en terre ivoirienne pour sensibiliser davantage la jeunesse africaine à la théorie de l'Afrocentricité. Pour elle, il est inconcevable de délaisser la culture africaine au profit de la culture occidentale. « Est-ce que cela a un sens que des gens viennent vous mettre en esclavage chez vous, vous imposer l'apartheid et l'humiliation et vous vénérez leurs divinités. Est-ce que tout ceci a un sens ? Non, pas du tout. Les Chinois donnent des noms chinois à leurs enfants ; les Japonais donnent des noms japonais à leurs enfants ; les Arabes en font pareil, mais les Africains, non », martèle l'afrocentriste.

Elle met en lumière, l'Afrocentricité qui doit permettre à chaque Africain de mettre au centre de sa pensée l'Afrique et l'expérience historique de ses ancêtres. Elle doit aussi être selon le Professeur une démarche intellectuelle, mentale, qui consiste désormais dans nos pensées, nos comportements, à mettre l'Afrique au centre de notre pensée. « Arrêtez de vénérer des gens qui nous méprisent, arrêtez de fantasmer sur leur pays, leur zone », a-t-elle exhorté. Avant de demander aux Africains et à la jeunesse d'avoir du respect pour eux-mêmes en tant qu'Africains. Poursuivant, le Professeur Ama Mazama a levé un coin de voile sur la situation actuelle de la culture noire. A l'en croire, le choc créé par l'esclavage et la colonisation ont eu un impact extrêmement négatif sur la représentation intérieure du Noir sur lui-même. « L'afrocentrisme doit permettre de mettre un terme à l'aliénation mentale, physique, culturelle et économique des Africains en plaçant les Africains au centre de leur propre réalité », a conclu la conférencière.

Ama Mazama est présentée comme une guerrière intellectuelle afro-caribéenne par NOFI. Voici une interview qu'elle a accordée à NOFI le 12 novembre 2018.

NOFI : Vous êtes l'une des plus fameuses promotrices de l'afrocentricité. Pouvez-vous nous en dire plus sur ce concept ?

A.M. : L'Afrocentricité est une méthodologie de libération de l'Afrique dont le but ultime est la réactivation de l'initiative historique et culturelle africaine. Cette initiative a été sérieusement perturbée par l'Occident au moment de la traite, de l'esclavage, du colonialisme, du néo-colonialisme, de l'impérialisme, d'une conscience inférioriée de nous-mêmes.

NOFI : Vous avez publié, en 1997, Langue et identité en Guadeloupe : une perspective afrocentrique. Pouvez-vous brièvement nous introduire au contenu de ce livre ?

A.M. : J'ai écrit Langue et identité en Guadeloupe : une perspective afrocentrique afin de débattre de la question du rapport entre la langue créée par les Africains en Guadeloupe pendant la période de l'esclavage, dans sa dimension historique, culturelle et politique. Je souhaitais également prendre à parti les chantres de la théorie de la créolité, une idéologie promue par l'Occident pour nous séparer encore plus de notre terre ancestrale et de nos Ancêtres.

NOFI : Depuis votre livre sur le créole de Guadeloupe (1997), vous écrivez davantage sur la culture et sur la religion africaine que sur la linguistique. Pensez-vous que le plus important a été dit sur le plan de la linguistique ? Que traiter de la religion et de la culture est à présent plus urgent ?

A.M. : C'est vrai que j'écris moins sur les questions linguistiques aujourd'hui parce que je me suis rendu compte que les questions de la langue renvoient toujours en dernière instance à des questions d'identité et donc forcément de culture, d'histoire et de politique. Je cherchais, dans mes travaux linguistiques, à encourager un autre regard sur la langue ; mais je me suis rendu compte que changer ce regard implique changer fondamentalement notre rapport à nous-mêmes. Et au fond de nous, au cœur de nous, se trouve notre spiritualité. Si nous arrivons à changer notre conception de notre spiritualité, à nous percevoir à nouveau comme sacrés, la question linguistique sera naturellement résolue.

NOFI : Quels sont vos projets actuellement ?

A.M. : J'ai comme projet de continuer mes études du rapport entre le « guadeloupéen » et les langues du continent. Ces travaux sont en cours et j'ai publié une partie de mes recherches dans la toute dernière édition de Langue et Identité (2017). Il s'agit plus particulièrement de l'expression de la notion d'ipséité avec le mot ko. Je continue à étendre ces comparaisons linguistiques à la langue akan. Je suis en train d'écrire un livre intitulé « Conversations Afrocentriques ». Je suis aussi en train d'éditer une série de livres sur un programme d'enseignements pour institutions éducatives afrocentriques, avec Molefi Asante et Nah Dove.

NOFI : Si vous aviez un budget illimité pour accomplir un projet scientifique, quel serait-il ?

A.M. : Si un tel budget était à ma disposition, mon projet serait concentré à l'étude de la spiritualité africaine et, plus particulièrement, de la relation entre lois physiques et lois métaphysiques.

NOFI : Un dernier mot pour nos lecteurs ?

A.M. : Nous avons tous et toutes une mission à remplir. Dans le contexte actuel, notre seule mission est de lutter contre l'impérialisme occidental, afin de revenir à notre bon sens africain et nous remettre debout. Il s'agit-là d'un impératif moral. Ne pas lutter, à quelque niveau que ce soit, n'est ni plus ni moins que criminel. L'on peut être un traître passif ou actif, mais on n'en est pas moins un traître, complice des atrocités que nous subissons depuis trop longtemps. Parler ne coûte rien, mais en dernière instance, ce qui compte ce sont les actions concrètes. L'Unité est notre But, la Victoire est notre Destinée !

Notre « mazamalogie » se termine par une interview exceptionnelle réalisée par un journaliste kamit dénommé Simon Inou, rédacteur en chef de Afrikanet. Info.

Simon Inou : Pouvez-vous vous présenter, s'il vous plaît ?

Ama Mazama : Je suis Ama Mazama, originaire de l'Afrique avec un transit en Guadeloupe. Je suis professeure d'études africaines à Temple University aux Etats-Unis. Je me décris avant tout comme Afrocentriste.

S.I. : Qu'est-ce qu'un (e) Afrocentriste ?

A.M. : Être Afrocentriste, cela veut dire que l'on insiste pour que lorsque l'on approche l'expérience africaine qu'on le fasse à partir de la perspective africaine elle-même. Ce qui s'est passé jusqu'à maintenant, c'est que l'Afrique a été toujours définie de l'extérieur par des Européens de façon négative et aussi par des Européens qui pensent que leur expérience à eux est universelle et que ce qui vaut pour eux vaut pour les autres. Or, c'est loin d'être le cas car l'expérience européenne demeure une expérience européenne. Rien de plus, rien de moins. Il y a plusieurs façons d'être au monde dont la façon africaine, fondée sur l'histoire et la culture africaines.

S.I. : Vous êtes fièrement habillée en Africaine et portez la croix Ankh de la vie. Que symbolise-t-elle ?

A.M. : Cette croix est le symbole le plus populaire que nos ancêtres, les Egyptiens anciens qui étaient Noirs, portaient. C'est une affirmation de nous-mêmes et une affirmation de notre foi en la vie. Car elle est éternelle. Nos ancêtres, les anciens Egyptiens, l'ont formulé avant toutes les autres religions dans le monde.

S.I. : La croix Ankh est-elle un symbole religieux ?

A.M. : C'est un symbole spirituel qui a été transformé en symbole religieux par le christianisme.

S.I. : Un journal autrichien titrait dans son édition d'hier que le pharaon Toutankhamon était un Blanc. Le journal affirmait que cette déclaration vient de Zahdi Awas des archives pharaoniques du musée du Caire. Qu'en pensez-vous ?

A.M. : C'est de la pure idéologie. Cela relève encore de la malhonnêteté intellectuelle des Européens. Awas était d'ailleurs à Philadelphie il y a une semaine (17 au 22 septembre 2007) et nous avons organisé une manifestation contre lui. C'est quelqu'un qui est grassement payé pour diffuser ces mensonges. On sait très bien que ce qui est en jeu est énorme.

S.I. : Qu'est-ce qui est en jeu ?

A.M. : Ce qui est en jeu c'est de pouvoir maintenir le mythe du miracle grec et de la suprématie intellectuelle blanche sur lesquels reposent le racisme et tous les privilèges que les Blancs se sont arrogés au nom soi-disant de leur supériorité. Entre autres celui d'aller civiliser les sauvages. Et pour nous ce qui est en jeu, c'est la réappropriation de notre histoire. Les parents de Toutankhamon étaient des Noirs. Toutankhamon tel que présenté de nos jours avec les yeux bleus est historiquement impossible. Il faut donc pour ce faire fabriquer des preuves parce qu'ils n'en ont pas. Aux USA, il y a eu plusieurs manifestations contre l'exposition montrant Toutankhamon blanc. Même l'affiche montrant un visage blanc de Toutankhamon n'a pas été diffusée.

S.I. : Vous êtes scientifique et en même temps activiste. Pourquoi vous engagez-vous tant ?

A.M. : Je m'engage tant parce que ce qui compte pour moi, c'est de voir les choses évoluer de façon concrète et je pense que les intellectuels ont un rôle très important à jouer qui n'est pas seulement celui de faire de la recherche ou d'écrire, c'est important, mais aussi de propager ce que nous savons, de discuter, d'informer, d'écouter les nôtres et toujours d'essayer d'apporter des éléments pour aider à la transformation de nos consciences. L'activisme fait partie de ma responsabilité intrinsèque d'intellectuelle. Je ne vois pas à quoi ça sert d'écrire des livres qui n'ont aucune réalité avec celle de mon peuple. Ça ne m'intéresse pas d'effectuer mon travail par carriérisme ou pour avoir une promotion dans le système occidental. Ce qui me motive c'est le travail que je fais pour mon peuple, ma race.

S.I. : Race ou peuple ? Dissociez-vous les deux ?

A.M. : Je ne dissocie pas les deux. La race, c'est très important car pour moi, c'est la base. Mais la façon dont je définis la race tient compte non seulement d'une composante biologique mais aussi culturelle et historique. Ces deux paramètres sont très importants. Du point de vue afrocentrique, parler de race veut dire mettre l'accent sur la culture. Il faut aussi comprendre que ce n'est pas parce qu'on est Noir ou Africain qu'on est afrocentrique. L'Afrocentricité nous apprend à nous transformer...

S.I. : C'est-à-dire ?

A.M. : Apprendre à vivre et à penser en Africain...

S.I. : Dans votre livre majeur, « L'Impératif afrocentrique », vous insistez sur l'éducation et thématisez longuement ce sujet. Quels défis avons-nous aujourd'hui en tant qu'Africains, en tant que Noirs, avec l'éducation ou la scolarisation qui nous est directement ou indirectement imposée ?

A.M. : Le problème que l'on a, c'est que le but de cette scolarisation et de cette éducation était de nous faire subir un lavage de cerveau pour nous désafricaniser et nous européaniser. Le problème que nous avons, c'est que nous ne serons jamais Européens. Nous ne serons jamais des Blancs. C'est ce que je disais à une sœur lors de ce congrès. On pourra changer de lieu géographique comme on le voudra mais la seule constante qui demeure est le fait que nous sommes Africains. Aujourd'hui nous sommes à Vienne en Autriche, demain on sera à Paris, en France. Après-demain, à New-York, aux Etats-Unis et ainsi de suite...

Nous demeurons Africains. Il y a un proverbe qui dit : « Laissez un morceau de bois dans la rivière, il ne deviendra jamais crocodile ». Le véritable problème que nous avons à cet effet, c'est que le morceau de bois ne sait plus qu'il est un morceau de bois…C'est dans cette situation extrêmement bizarre, anormale que nous sommes. Nous ne savons plus que nous sommes du bois, nous ne savons plus qui nous sommes, nous racontons des tas d'inepties sur nous-mêmes, sur l'Afrique et oublions par-là que nous ne serons jamais crocodiles. Nous avons perdu nos repères historiques. Par exemple, la question du nom est intéressante pour la survie de nos cultures et par là de nous-mêmes.

S.I. : Si on revenait à l'éducation…

A.M. : Il y a deux choses que les Européens nous ont fait pour nous contrôler : prendre nos noms et prendre nos divinités. Et avec ça le tour était joué. Après ces deux étapes, ils nous font passer par le tamis de leurs écoles qui nous ont fait subir un lavage de cerveau total et à la fin de la journée eh bien nous voilà : abrutis, avec des comportements bizarres, pathologiques. De nos jours, nos pays soi-disant indépendants continuent à éduquer leurs enfants avec une éducation étrangère à qui ils sont. Nos Etats dits indépendants n'ont pas encore pris conscience. Vous le dites et c'est vrai. C'est impératif d'avoir une éducation centrée sur l'Afrique. Les médias jouent aussi un rôle majeur dans l'éducation et je pense qu'il doit être important pour nous de nous accaparer de ces deux outils si nous voulons réellement nous libérer définitivement. Mais tant que nous permettrons à d'autres d'éduquer nos enfants ou bien même de permettre à d'autres de dicter à nos enfants ce qu'ils doivent savoir et en même temps tourner notre dos à notre propre culture nous resterons dans la même situation.

S.I. : Si on parlait de nos divinités. De nos jours on parle de trois grandes religions dans le monde : le judaïsme, le christianisme et l'Islam. La composante asiatique revient actuellement en force avec le zen, le bouddhisme, le Taoïsme etc. Et nous, Africains, où nous situons-nous ?

A.M. : On n'est nulle part. Depuis le philosophe allemand Hegel qui a déclaré que nous n'avions pas le concept de Dieu, les Blancs ont décrété que nous n'avions pas de religion. C'est ce paradigme que j'appelle le paradigme d'ignorance et d'arrogance qui perdure...

S.I. : Comment se situer de nos jours, en tant qu'Africains, en tant que Noirs dans la multitude des religions qui envahissent notre quotidien. Que nous soyons en Afrique ou en dehors de l'Afrique, beaucoup d'Africains sont des fanatiques de religions étrangères à leur culture. Le lavage de nos cerveaux a abouti au fait que plusieurs de nos compatriotes confondent nos dieux africains à de la magie ou à de la sorcellerie. Comment résoudre ce problème ?

A.M. : Je ne pense pas qu'il y ait de solution simple. Nous participons à la destruction de notre propre identité. Les Blancs ne nous obligent pas à aller dans leurs églises, à porter leurs noms, à nous agenouiller devant leur Jésus blanc aux yeux bleus et aux cheveux blonds. Nous avons tellement intériorisé ce discours négatif sur nous-mêmes que nous faisons cela pensant que c'est ce que nous avons de mieux à faire. Encore une fois je plaide ici pour la reprise du bon sens et la conscience de soi, seul moyen pour nous, Noirs, de nous libérer réellement. Cela vaut aussi pour les religions qui actuellement font rage sur le continent.

S.I. : Revenons en religion. Etes-vous croyante ? Si oui, en quel dieu ou déesse ?

A.M. : Je suis actuellement en train de travailler sur une encyclopédie sur la religion africaine avec Molefi Kete Asante.

C'est un projet monumental qui nous prend du temps. Je ne crois pas en un Dieu particulier. Je crois en une force divine qui est là dans tout ce qui est. Les Occidentaux appelleront cela l'animisme, ce qui est faux. Cette énergie divine est en nous, sur nous, autour de nous. Comme vous le savez probablement, j'ai embrassé le Vodou comme étant ma religion. La conception du Vodou est fondamentalement africaine. Elle se retrouve partout, en Afrique. C'est une force cosmique à laquelle on a donné divers noms, par exemple, Amon Ra etc. Dans le Vodou, nous l'appelons Olowum (Gwan Met). Olowum , c'est un des noms yorubas de Dieu. Olowum est la divinité suprême qui veut dire « maître des cieux ». Et puis nous avons des divinités secondaires ou encore Lwa, et puis il y a les ancêtres, car c'est eux le socle fondamental. Cette structure est fondamentalement africaine. Donc je ne rencontre aucune difficulté à vous dire en quoi je crois.

S.I. : Restons dans le concept occidental qui nous fait comprendre que le Vodou, c'est de la magie noire…encore une fois dans le contexte occidental tout ce qui est mauvais est noir.

A.M. : J'ai été confrontée à ce problème. Mais face à cette situation, nous avons deux choix ; soit je me cache, soit j'assume ma religion. Si je me cache, cela veut dire que je joue le jeu du colonialisme et de ses avatars. Non, je le dis ouvertement, je suis pratiquante du Vodou. Si vous êtes honnêtes et si vous y intéressez, il y a suffisamment de documentation là-dessus. Si vous voulez me voir comme sorcière tant pis. Moi, je me sens bien dans ma peau et en paix…car j'ai mis de côté toutes ces religions étrangères qui m'ont été imposées de force et par la violence. Tout ceci pour m'empêcher d'être moi-même. J'ai mis tout cela de côté et je suis retournée à ma tradition ancestrale…

S.I. : Pourquoi ne pas alors retourner à l'Egypte ancienne ?

A.M. : Je pourrais retourner à l'Egypte ancienne. Après tout, je porte la croix ANKH qui est un symbole majeur pour les Africains. C'était plus facile pour moi car j'ai trouvé des lieux de culte Vodou qui fonctionnent avec tous les rituels. Dans mon esprit, il n'y a pas de différence parce que le Vodou lui-même vient de l'Egypte ancienne. Le Vodou est une des expressions du système égyptien ancien. Nous avons aussi un problème de localité. Si je veux, de nos jours, pratiquer le système égyptien, où vais-je aller ? Tandis qu'à Philadelphie ou en Haïti, je sais où aller s'il s'agit du Vodou. Fondamentalement, l'Egypte ancienne est la même matrice pour toutes les autres religions purement africaines.

S.I. : De nos jours, quel que soit l'endroit du monde où l'on est, nous sommes envahis par les images provenant des chaînes de TV occidentales. Ces images ne véhiculent que les images occidentales et propagent des images négatives quand il s'agit des Noirs où qu'ils soient dans le monde. En même temps, ces chaînes de TV dans la plupart des cas nous dévalorisent. Quels impacts peuvent avoir ces images sur l'éducation de la jeunesse noire ?

A.M. : On dit souvent que je suis radicale mais cela doit être vrai quelque part…mais moi, je n'ai pas de télé. J'ai fait un choix et mes enfants grandissent sans télé. Tout le monde peut le faire d'autant plus que chacun a le pouvoir d'allumer ou d'éteindre la télé. Certains de mes étudiants viennent souvent me dire : « Professeure, hier soir ils ont encore montré des trucs racistes à la télé ». Moi, je leur dis : « Pourquoi regarder ça ? Eteignez la télé ». Vous avez au moins ce pouvoir d'éteindre la télé. Je ne crains pas l'influence et je ne veux pas qu'on me pollue l'esprit. La télé est un danger, un véritable poison pour nos enfants. C'est ainsi que nous abandonnons nos enfants devant la télé, les ordinateurs, mais aussi à l'école. Beaucoup de parents africains le font. Nous livrons nos enfants en pâture à des forces néfastes…

S.I. : Comment éduquez-vous vos enfants ?

A.M. : Mon fils aîné ne va plus à l'école. Ma fille va dans une école afrocentrique. Mon fils, je l'éduque moi-même à la maison.

S.I. : Vous êtes quand même allée à l'école. Vous avez des diplômes et vous enseignez aux USA…Pourquoi votre fils ne le ferait pas aussi ?

A.M. : Si mon fils montre le désir de vouloir étudier, il aura le choix…On ne peut pas le lui interdire. Jusqu'à 17 ans, il n'est pas obligé d'intégrer le système scolaire ; ce qui compte, c'est qu'il puisse montrer qu'il est capable. Il travaille beaucoup plus à la maison.

S.I. : Changement de sujet. En Afrique, rien ne va plus. Les jeunes veulent partir par centaines car ils veulent aller en Europe… par manque de perspectives. Les politiques sont caduques et sont de moins en moins capables de suivre le rythme imposé par les institutions financières du Bretton Woods (FMI et Banque Mondiale). En même temps nous voulons être modernes et copier le Blanc…

A.M. : C'est vraiment une tragédie. Encore une fois, on revient à la question que l'afrocentricité pose : qui sommes-nous ? En fonction de la réponse à cette question, on pourra déterminer qui nous voulons être. Je suis contente que vous ayez parlé de politiques et pas de leaders…Ces gens-là ne sont pas des leaders. Le problème que nous avons aujourd'hui en Afrique, c'est que nous acceptons un modèle occidental qui se fait accepter comme universel. Le modèle du développement, de l'industrialisation, de la modernité etc. Ce modèle n'est pas un bon modèle. Ce n'est pas un modèle que nous avons les moyens financiers d'adopter et d'entretenir. Mais aussi culturellement, c'est un modèle qui nous coûte cher, ce qui nous est présenté, c'est un idéal qui ne correspond pas à qui nous sommes et qui donc nous détruit encore plus sur les plans culturel et social. Je me répète. La question est de savoir quel modèle on suit…qui on est.

5

AMINATA DRAMANE TRAORÉ

Aminata Dramane Traoré est née en 1947 à Bamako, au Mali. Elle est écrivaine et a été ministre de la Culture et du Tourisme du Mali (de 1997 à 2000) sous la présidence d'Alpha Oumar Konaré. Elle est titulaire d'un doctorat de troisième cycle en psychologie sociale et d'un diplôme de psychopathologie. Elle a été chercheure en sciences sociales à l'institut d'ethnosociologie de l'université d'Abidjan (1974-1988). Elle a été Directrice des Etudes et des Programmes au ministère de la Condition féminine de Côte d'Ivoire (1979-1988). Elle a dirigé un programme régional du PNUD sur l'eau et l'assainissement (CROWWESS-Afrique, 1988-1992) et travaille pour plusieurs organisations régionales et internationales. Aminata Dramane Traoré a publié L'Etau, L'Afrique dans un monde sans frontières (Actes Sud, 1999), Le Viol de l'imaginaire (Actes-Sud/Fayard, 2001) et Lettre au Président des Français à propos de la Côte d'Ivoire et de l'Afrique en général (Fayard, 2005).

Cette intellectuelle mène sur tous les fronts un combat contre les travers d'une mondialisation capitalistique imposée, arbitraire, dévastatrice. Avec Ray Lema, elle a lancé le Réseau des intellectuels africains pour l'éthique et l'esthétique. C'est une militante altermondialiste. Elle se bat contre le libéralisme économique qu'elle considère comme responsable du maintien de la pauvreté au Mali et en Afrique en général. Aminata Dramane Traoré souhaite que les Etats africains cessent de suivre les injonctions des pays occidentaux qui se traduisent par « les plans et programmes des banquiers internationaux et des grandes puissances du Nord » et qui conduisent à la pauvreté des populations et engendrent les phénomènes de violence et d'émigration vers l'Europe d'une grande partie de la jeunesse désabusée. Elle demande aux gouvernants africains de réagir face au néocolonialisme. Elle coordonne les activités du Forum pour un autre Mali. Elle était responsable de l'organisation du troisième volet à Bamako du Forum social mondial polycentrique de 2006.

En 1998, elle publie L'Etau (Acte Sud, 1998, Paris). C'est un essai dénonçant la politique des institutions de Bretton Woods (Fonds monétaire international, Banque mondiale) qui imposent la mise en place de plans d'ajustement structurel qui ne font qu'appauvrir les populations africaines. En 2003, elle publie Le Viol de l'imaginaire (Fayard, 2003, Paris). Là-dedans, elle dénonce les mécanismes privant l'Afrique de ses ressources financières, naturelles et humaines. En 2005, elle publie Lettre au président des Français à propos de la Côte d'Ivoire et de l'Afrique en général (Fayard, 2005, Paris) où elle analyse les crises africaines dans le « précarré français » à la lumière de la mondialisation libérale. En 2008, elle publie « L'Afrique humiliée » (Fayard, 2008, Paris) où elle critique vivement le Discours jugé raciste et néocolonialiste de Nicolas Sarkozy à Dakar en juillet 2007.

Aminata Dramane Traoré est aussi actrice de cinéma dans plusieurs films parlant de l'Afrique : « Horoya, les indépendances africaines » (2012), « Africa is back-The 2nd Panafrican Cultural Festival of Algiers » (2010), « Victimes de nos richesses » (2007),

« Bamako » (2006), « Bamako Sigi-Kan » (le Pacte de Bamako, en 2001), « Un Mali d'écrivains » (2001), « Aminata Traoré, une femme du Sahel » (1993). Elle est co-auteur de plusieurs ouvrages : « Mille et une femmes debout pour un autre Mali », « L'Afrique au secours de l'Afrique », « Le Piège », « L'Afrique mutilée », « Ceuta et Melilla. Mais pourquoi parlent-ils ? ». Voici une interview qu'elle a accordée à un journal (Ballest 2020/1 (N09) pp.34-51).

Vous venez d'une famille modeste et racontez dans « Le Viol de l'imaginaire » que vous avez tenu à aller à l'école. C'est dans cet espace que, pour la première fois, vous avez compris les lignes de fracture qui structurent votre pays, dans les années 1950-60…

A.D.T. : J'ai grandi dans un quartier populaire- « indigène », disait-on à l'époque. Il y avait les quartiers des colons et ceux des « Soudanais » : c'était ainsi qu'on nous appelait. C'est sur mon insistance que mes parents se sont mis, tardivement, à chercher une école où m'inscrire. Dans mon quartier, il n'y avait plus de place ; on m'a inscrite à l'école Maginot, où la cour était partagée en deux espaces. D'un côté, les filles noires et métisses ; de l'autre les enfants blancs, filles et garçons. J'allais à pied à l'école et, chemin faisant, j'ai rencontré une petite fille blanche de mon âge. On s'est regardé, on a sympathisé. Puis elle m'a invitée à entrer chez elle. Ça a été mon tout premier contact avec « l'autre » -si bien que je n'ai pas souffert de l'existence de ces deux espaces en milieu scolaire. C'était dans l'ordre des choses. Mais je savais, déjà, qu'il était possible de fraterniser avec.

Vous soulignez qu'en tant que femme noire, vous vous trouvez doublement au front. Mais vous insistez également sur l'hégémonie d'un certain féminisme, trop occidental…

A.D.T. : Très tôt, j'ai eu la chance d'être impliquée dans le combat pour les droits des femmes. Dans les années 1970-80, il n'était pas question de « genre » mais « d'intégration de la femme africaine dans le développement ». Toutes et tous, nous étions persuadés que le « développement » était un processus sans entraves : il suffisait d'être scolarisé et d'avoir un diplôme pour avoir droit à un emploi, à un salaire, pour ensuite prendre part à la transformation de nos pays dans différents secteurs. On estimait que les femmes avaient quelque chose à apporter. J'étais confiante. Comme tout le monde, j'avais intériorisé le schéma selon lequel ce « développement » surviendrait avec la participation des femmes et aboutirait à la transformation de l'Afrique : le bonheur, la justice etc. J'ai fini par réaliser qu'en la matière, nos pays n'étaient pas plus autonomes que dans d'autres secteurs. J'ai effectué pas mal de missions pour les Nations Unies, au cours desquelles j'ai saisi qu'il existe une pensée féministe dominante qui préside à la formulation et à la mise en œuvre des projets. Un processus d'occidentalisation des femmes dans le cadre d'un projet bien plus global. Je n'ai jamais été envoyée comme « consultante » ou « experte » dans un pays européen ; en revanche, ce sont les femmes occidentales (européennes, américaines), généralement blanches qui viennent en « expatriées », qui nous disent, secteur par secteur, ce qui est bon pour nous. Derrière ces énoncés, il y a un agenda : la transformation de nos sociétés en faisant des femmes le levier par excellence. Hier comme aujourd'hui, vous aurez bien peu de chance d'obtenir des financements si votre énoncé ne cadre pas avec une certaine conception du rôle et de la place de la femme, censés évoluer selon la trajectoire dictée par la communauté internationale. Les questions soulevées, celles de l'accès des femmes à l'éducation, à l'emploi, au processus de prise de décisions, sont réelles. Mais quand je regarde l'état de mon pays et celui du continent noir, je me dis qu'il est de la plus grande importance de repenser l'émancipation des femmes, de l'insécurité dans le cadre d'un combat plus global : celui de la seconde libération de l'Afrique-qui, comme vous le savez, est en voie de recolonisation.

En France, la militante des quartiers populaires Fatima Ouassak a cofondé Le Front de Mères. Elle entend repolitiser le rôle de la mère comme levier féministe et écologiste. Cet angle vous interpelle-t-il ?

A.D.T. : C'est une question centrale. Un dicton bamanan dit qu'il y a deux pagnes : celui qui permet à la mère de porter son enfant et celui qu'utilise ce dernier, devenu grand, pour porter sa mère à son tour. Le débat qui fait actuellement rage en France sur la réforme des retraites est celui du modèle social à adopter. Sous nos cieux, la solidarité entre générations se pose en d'autres termes : elle exige des formes de solidarité qui reposent encore essentiellement sur les femmes. Le réseau des « mères sociales » que j'ai créé renvoie au fait que donner la vie confère un sens à l'existence et donne du pouvoir aux femmes. Bien des migrants partent avec la volonté de subvenir aux besoins de leur mère : « Elle m'a porté, c'est à moi de la porter à mon tour », entend-on souvent dire. Nous avons beaucoup travaillé sur cette notion de « mère sociale » en tant que valeur à promouvoir dans la gestion des défis présents, dont, notamment, l'accueil des migrants expulsés et l'environnement.

Que voulez-vous dire exactement par « seconde libération de l'Afrique » ?

A.D.T. : En 2020, nous allons commémorer les soixante ans de nos indépendances. Un tournant qui aurait totalement dû libérer nos pays de l'emprise des puissances colonisatrices. D'un secteur à l'autre, rien ne s'est déroulé comme nous l'avions espéré. Sommes-nous réellement indépendants ? Si nous l'étions, nous n'aurions pas eu droit à ce qui s'est passé à Pau…On est édifié quand on voit la France monter au créneau pour chercher des financements au nom des pays africains, pour leur « sécurité », au point que l'administration américaine, elle-même dominatrice, rappelle que c'est aux Africains de se prendre en charge dans la résolution de leurs besoins ! En faisant le bilan du soulèvement de mars 1991, qui a ouvert la voie au multipartisme, à la liberté d'association et d'expression dans notre pays, je réalise qu'il s'est agi d'une révolution inachevée. Elle a porté sur la dimension politique de l'alternance au pouvoir sans toucher au fond du problème, à savoir le modèle économique. Bref, j'ai le sentiment profond d'une décolonisation inachevée. Une seconde libération s'impose sous l'angle politique, économique, social et culturel. Il s'agit de rompre avec un modèle de développement extraverti qui appauvrit, déshumanise et crée le lourd fardeau de la dette. Vous connaissez la suite. Les bailleurs de fonds, c'est-à-dire nos créanciers, font de l'ingérence dans chaque aspect de l'existence de nos Etats la règle du jeu. Notre seconde libération doit reposer sur les enseignements de ces dernières décennies d'essais et d'erreurs de développement.

Vous déplorez, dans votre correspondance avec l'écrivain sénégalais Boubacar Boris Diop, que les échanges et l'éducation africaine se fassent principalement dans les langues des anciens colons. Vous avez connu, dans l'enfance, cet interdit de la langue maternelle…

A.D.T. : Dans mon quartier comme dans ma famille, on parlait en langue bamanan, mais l'éducation scolaire était dispensée en français. Imaginez les difficultés d'un enfant qui apprend dans une société où la langue d'enseignement est différente de sa langue maternelle. C'est un handicap majeur. Chez nous dès la maternelle, les enfants qui ont la chance d'être inscrits à l'école primaire perdent un temps fou à apprendre à s'exprimer en français avant de commencer à comprendre quoi que ce soit sur le monde. L'un des fondements de l'injustice et des inégalités est la langue. Dans n'importe quel domaine, le fait de maîtriser le français vous offre plus d'opportunités que le fait de parler vos propres langues. La différence entre un jeune qui a pu étudier en français et un autre, tout aussi intelligent et talentueux, qui ne maîtrise pas le français est immense : le second aura peu de chance de trouver un emploi bien rémunéré, de se frayer un chemin. Le français est la langue dominante, dans les médias publics, notamment la télévision et les journaux les plus suivis sont en français. Un effort considérable est fait par l'Etat pour que l'essentiel de l'information soit repris dans les treize langues nationales. L'enseignement universitaire se fait également en français alors que le Mali est un précurseur en matière de promotion des langues nationales…

L'écrivain kenyan Ngugi Wa Thiong'o pointe lui aussi cette scission interne dans l'apprentissage des langues. La langue sensible, « maternelle » devient une sous-langue par rapport au français, tenu pour « intellectuel ».

A.D.T. : Le constat est réel dans les rapports que nous avons entre nous. Nous vivons dans un système à plusieurs vitesses. Il en est ainsi de l'éducation, avec une différence importante entre écoles privées et publiques : les enfants qui vont dans les secondes s'expriment peu en français quand ils rentrent chez eux. Ils n'ont pas nécessairement les mêmes chances en termes de réussite scolaire et de perspectives. Ceux qui parlent bien le français ont, du reste, tendance à rester ensemble…Et plus ils avancent, plus le fossé se creuse entre les enfants des classes sociales modestes et les autres.

Le philosophe Achille Mbembe fait du « droit à la mobilité » un défi à l'intérieur du continent africain…Vous l'entendez ainsi ?

A.D.T. : C'est un défi colossal. Il est clairement établi que l'immense majorité des gens qui émigrent vont d'un pays africain à l'autre. Sur les routes migratoires, la langue joue d'ailleurs un rôle important : un Malien qui va dans un pays francophone, comme le Burkina Faso ou la Côte d'Ivoire, peut se frayer un chemin s'il s'exprime en Bamanankan. Mais s'il parle français, c'est encore mieux : à l'intérieur des pays, cette langue lui permet de communiquer avec différents groupes ethniques. Au niveau de l'Union africaine (UA) et de la Communauté économique des Etats de l'Afrique de l'Ouest (CEDEAO), des efforts sont faits pour parer cette difficulté de circuler entre pays de la région-un passeport de la CEDEAO existe. Mais le drame de la « lutte contre le terrorisme » engendre des reculs en matière de mobilité. L'Europe, qui externalise ses frontières, considère que les nôtres, qui seraient poreuses, laissent passer « djihadistes » et « migrants ». Si bien que pour aller d'un pays africain à l'autre, de nos jours, la voie peut être semée d'embuches. Par exemple, si vous quittez Bamako pour rendre visite à un parent au Niger, vous pourrez rencontrer des difficultés au niveau de Gao, ou à la frontière : vous serez soupçonné de vouloir rejoindre le Maroc et peut-être l'Europe…La question de la mobilité, qui n'est pas une question aisée, revêt une nouvelle dimension dans le cadre de la lutte anti-terroriste et de la guerre contre les migrants. C'est extrêmement douloureux de réaliser que les bâtisseurs de murs et les fauteurs de guerre en Libye s'octroient le droit de nous empêcher de circuler dans nos pays et d'un pays à l'autre. Il en est ainsi du Sahel, où la circulation entre le Mali et le Niger peut être entravée par des groupes armés mais aussi parce que la traque des djihadistes et celle des candidats à l'émigration se font dans un même élan.

Comment sont débattues au Mali les questions liées à l'émigration ?

A.D.T. : Jusqu'à une certaine période, on ne voyait pas les risques encourus par les migrants. L'immigration circulaire dans la région de Kayes, par exemple, permettait d'aller et de venir. Beaucoup de familles qui ont investi dans l'éducation de leurs enfants ont mis du temps à réaliser que lorsqu'ils partent, ils n'arrivent pas toujours à destination. Les événements dramatiques de Ceuta et Melilla en 2005, où l'on a vu des centaines de jeunes subsahariens escalader les murs de barbelés, ont choqué. Certains sont revenus blessés, d'autres sont morts. J'ai accueilli, à l'époque, plus d'une centaine d'entre eux. Depuis lors, j'organise chaque année un événement appelé « Migrance » : la contraction de « migration » et « errance ». Ceux qui reviennent reprennent souvent la route, faute d'alternative…Je n'ai jamais retrouvé certains de ces jeunes, ni ici, ni là-bas. Certains vous disent : « Que voulez-vous qu'on fasse ? Quand on reste ici, on est mort socialement, alors autant mourir là-bas, autant tenter notre chance… ». Nous faisons ce que nous pouvons pour montrer qu'il est possible d'explorer et de construire des avenirs ici, mais il est clair que les opportunités de création d'emplois sont limitées. Et le fait est que nous n'avons pas de marchés véritablement africains, approvisionnés par des produits transformés par nous-mêmes et fonctionnant de manière à créer des emplois autres que les petits boulots.

Depuis 2020, vous l'évoquiez, un accord a été signé à Pau pour prolonger l'intervention française au Mali, au Burkina Faso et au Niger, dans le cadre de la lutte contre le djihadisme. Mais c'est de longue date que vous dénoncez l'ingérence militaire étrangère en Afrique, notamment, française, et la « militarisation des solutions » sur le continent le plus militarisé au monde…

A.D.T. : J'ai en effet, été l'une des premières voix à souligner, du Mali, que c'est une guerre par procuration. Il a fallu déstabiliser la Libye. Pour contrer les conséquences de cette violation du droit international et de celle de la démocratie libérale, les Occidentaux à la recherche de facteurs de croissance à l'extérieur ont ciblé le Bassin méditerranéen, tentant ainsi de faire d'une pierre deux coups, étendre leur zone d'influence en Afrique et empêcher celles et ceux qui en subissent les conséquences d'émigrer vers l'Europe. Cette volonté d'hégémonie allait à l'encontre des ambitions de Mouammar Kadhafi concernant le continent africain, qu'il voulait transformer en pole de développement. Ses prises de position, dans beaucoup de domaines, notamment, sa volonté de créer une banque à même de financer le développement du continent ou de mettre en place des satellites pour l'Afrique, n'étaient pas dans l'intérêt des entreprises occidentales. Faire sauter le verrou libyen était devenu urgent. Sans parler, bien sûr, des autres raisons que la France connaît bien et qui valent aujourd'hui encore à Nicolas Sarkozy des procès. Kadhafi avait énormément investi dans l'armement : le renversement de son régime a entraîné la prolifération des armes dans la bande sahélo-saharienne. On nous a imposé cette guerre en nous contraignant à y consacrer une part substantielle des maigres ressources de nos Etats. Au bout de six ans, de janvier 2013 à ce jour, il s'avère qu'elle a tué quelque 600 djihadistes. Selon l'ONU, ce sont plus de 4000 personnes, civils et militaires, qui ont perdu la vie dans le même contexte, rien qu'en 2019, au Burkina Faso, au Mali et au Niger. Les gens n'en peuvent plus. Nous partageons la douleur des familles des Français qui sont morts ici. Mais ne faudrait-il pas faire en sorte que personne ne meure, qu'il s'agisse de Blancs ou de Noirs, en faisant taire les armes plutôt que de s'indigner quand un seul Blanc perd la vie ?

Votre position sur la Libye était à contre-courant en 2022 ; est-elle entendue aujourd'hui ?

A.D.T. : Je n'ai plus besoin d'alerter qui que ce soit. L'aggravation de la situation sécuritaire parle d'elle-même. Nos « sauveurs » prétendent que le retrait de Barkhane engendrerait le chaos. Rien n'est moins certain si nous, Sahéliens, inscrivons le combat sur le terrain du débat d'idées pour des alternatives plus conformes à nos besoins. Le contexte en Europe s'y prête. Je considère que les mouvements sociaux, les levées de boucliers en Occident et le défi climatique sont autant de réalités qui devraient nous permettre de nous faire entendre, d'être plus audibles. Ce qu'on appelle « crises migratoires », « crises sécuritaires » et « réchauffement climatique » ont une même cause : le système capitaliste mondialisé. Il est grand temps pour l'Afrique de déconstruire l'idée selon laquelle nous sommes « victimes de nous-mêmes ». Bien sûr, il y a la corruption. On nous fait croire que tout ce qui nous arrive résulte d'une mauvaise « gestion ». Mais comment se fait-il que des dirigeants si parfaitement élus, au sein des démocraties occidentales, ne parviennent pas à répondre à la demande sociale ?

A propos des élections, justement : vous êtes critique quant à l'idée d'associer la démocratie aux seules « élections transparentes ». A première vue, l'argument peut dérouter !

A.M.T. : Je ne doute pas de la nécessité d'élire des hommes et des femmes en qui on a confiance, à travers des élections régulières, libres et transparentes. Mais au-delà de la transparence des urnes, il faut des projets de société conformes aux aspirations profondes des peuples concernés. Pendant toutes ces années, je n'ai pas vu de programmes d'éducation citoyenne permettant à l'électorat de comprendre dans quel monde nous évoluons et comment nous organiser en conséquence. Prenons une question aussi centrale que l'écologie : elle paraît tellement secondaire par rapport à la lutte contre le djihadisme ! Je ne vois pas poindre à l'horizon de formations politiques qui prennent cette question à bras le corps- alors que nous sommes au Sahel. On ne va pas à l'essentiel, on ne remet pas en cause le modèle libéral. On est piégé par le mythe de la transparence des urnes, comme s'il ne s'agissait que de ça. La restructuration du champs politique en fonction des grands enjeux est une priorité absolue. Sur le terrain, je me suis investie dans la transformation de mon quartier, avec les populations. Mais ça ne suffit pas à changer fondamentalement les mentalités, les comportements dans le sens de la bataille pour l'environnement. D'une élection à l'autre, la situation s'aggrave. Celui ou celle qui n'a pas été élu va attendre la prochaine élection pour tenter de l'être, et fourbit ses armes pendant cinq ans sans donner la possibilité à l'électorat de comprendre que le monde est en pleine mutation et qu'il faudrait que nous changions individuellement et collectivement notre fusil d'épaule.

Vous avez été ministre. Que tirez-vous de cette expérience, de l'intérieur de la « machine » ?

A.D.T. : Quand on m'a proposé ce poste, j'avais déjà le manuscrit de L'Etau en main. Je savais que ce que je venais d'écrire n'allait pas plaire ; j'ai dit aux autorités politiques que j'allais sûrement les déranger. Elles m'ont répondu que je les dérangeais déjà mais qu'elles préféraient que ce soit de l'intérieur. Mais, à la sortie du livre, toute dénonciation du discours dominant était -et est toujours-considérée comme un crime de lèse-majesté. Le gouvernement ne me l'a pas dit ouvertement puisqu'il était convenu dès le départ que je ne serais pas muselée. Soumise localement à un « devoir de réserve », je donnais à l'étranger libre cours à ma pensée critique. J'ai su par la suite que certaines institutions comme la Banque mondiale exerçaient une pression sur les autorités maliennes, sous prétexte que je ne pouvais pas dénoncer à tout bout de champ leur politique d'aide au développement tout en me trouvant dans un gouvernement qui en dépendait.

Vous avez claqué la porte ?

A.D.T. : Non. A la faveur d'un remaniement ministériel, j'ai souhaité ne pas être reconduite à mon poste. Cela étant dit, j'ai pu poser des choses en termes de renouvellement de la réflexion sur la fonction de la culture et du tourisme en développant les concepts de « maaya » (humanité) et « diatiguiya » (hospitalité). J'ai voulu marquer le tournant de l'an 2000 par un événement qui a eu un certain écho : Tombouctou 2000. Ce fut pour moi l'un des temps forts de la mise en œuvre de ces deux concepts.

En France, l'écologie politique oscille entre investir l'appareil d'Etat et le déserter, pour s'en remettre aux seuls terrains locaux, communautaires…

A.D.T. : Dans des pays comme les nôtres, l'éveil des consciences n'a pas atteint un degré suffisant pour mobiliser les populations de manière qu'elles puissent s'organiser et exiger des changements politiques au niveau de l'Etat. De même en ce qui concerne les comportements et les pratiques au niveau des individus et des communautés. Nous avons néanmoins mené ici, dans le cadre du mouvement social, des combats contre les OGM, les Accords de partenariat économique. Pour aider les paysans, éleveurs et petits commerçants appauvris qui, parfois, tentent d'émigrer malgré eux ou se radicalisent. Trop absorbés par le quotidien, les gens sont dans des stratégies de survie. La dépendance aux financements extérieurs fait que nous avons tendance à nous aligner sur les options des « donateurs ». Nos Etats passent leur temps à mettre les petits plats dans les grands pour attirer les investisseurs étrangers-et tout le monde sait ce que cela veut dire en termes de dépendance. J'entrevois néanmoins des lueurs d'espoir parce que l'écologie est sur la table. L'Union européenne ne peut pas continuer à se poser en donneuse de leçons de démocratie, de développement et de gouvernance quand les gilets jaunes et les grévistes étalent au grand jour l'inaudibilité des peuples d'Europe par leurs dirigeants. Des gilets jaunes se sont même saisis de la question du franc CFA ! Il en est ainsi parce qu'ils savent que le même rouleau compresseur broie là-bas et ici en silence. C'est aussi pour cette raison que je m'adresse à l'opinion publique française et européenne pour faire savoir que ce que nous subissons dans le cadre des relations Nord/Sud n'est pas sans liens avec un agenda électoral-municipal, présidentiel-qui veut que Macron se montre ferme au niveau national. Lors du sommet de Pau dont nous parlions, Macron a déclaré que la France n'avait pas d'intérêt au Sahel : c'est plus facile que d'admettre et de faire savoir aux Français que leur pays, après avoir déstabilisé la Libye, se positionne militairement au Sahel face à la Chine et à d'autres pays émergeants !

Le chercheur Malcom Ferdinand met en avant la notion d'
« écologie décoloniale », réfléchie à partir de l'histoire de la Caraïbe :
cette articulation vous parle-t-elle ?

A.D.T. : La seconde libération de l'Afrique exige un changement
radical de paradigme. La question des énergies fossiles, au cœur
du débat sur l'écologie en Occident, se pose ici aussi puisque leur
convoitise nous vaut des guerres et le saccage des écosystèmes. La
déconstruction des thèses développementalistes s'impose. On n'a
pas attendu que la question climatique explose au niveau planétaire
pour savoir que le néolibéralisme est un écocide. Le Nord du Mali
a d'abord souffert de grandes sècheresses qui, dans les années
1970-80, ont décimé le bétail et ont provoqué le déplacement
d'un nombre considérable de personnes. On voyait des réfugiés et
des déplacés partout dans la sous-région. Les politiques mises en
œuvre sont incompatibles avec la paix, la sécurité, la protection du
droit des femmes. Mais on nous sert une grille de lecture simpliste
qui évacue les liens entre ces phénomènes. La lame de fond du
capitalisme mondialisé détruit les sociétés, les économies locales
et les écosystèmes, ici comme là-bas. Aujourd'hui, il faut dire et
marteler que la persistance des guerres sous nos cieux sert des
intérêts-au-delà des ventes d'armes et de la diplomatie militaire, car
avec les armées viennent les entreprises. En dehors des maisons qui
sont louées et de certaines prestations, cette présence militaire a peu
d'incidence sur les économies des Sahéliens.

Quel est l'impact du dérèglement climatique sur la question
terroriste ?

A.D.T. : Les rébellions sont en partie liées à ces réalités :
les populations souffrent du mal développement et des aléas
climatiques. La fragilisation des régions du Nord au Mali est liée à
la question du modèle de développement, inadapté et également au
facteur climatique dont on ne parle pas assez.

Vous semblez inviter l'Afrique à s'industrialiser davantage. Comment envisager cette industrialisation en pleine crise écologique industrielle ?

A.D.T. : On peut limiter les dégâts en tirant le maximum d'enseignement des parcours des vieux pays industrialisés aujourd'hui en crise. Là où le bât blesse, c'est que nos élites continuent pour la plupart d'entre elles, d'idéaliser le modèle productiviste et consumériste. Des citoyens avertis et éduqués feraient la différence à travers une conscience économique, écologique et culturelle aiguë, en s'interrogeant sur ce que nous produisons, à quel coût et en nous interrogeant sur notre manière de consommer. Autant de questions élémentaires qui peuvent changer la donne. La publicité tapageuse nous inonde d'idées et d'images qui appellent à la consommation en nous donnant l'impression d'exister. Nous sommes ciblés comme des consommateurs -deux milliards d'ici 2050-, dont les multinationales ont besoin. Elles paient de bas salaires et polluent souvent en toute impunité, rapatrient des profits juteux dont une partie vers les paradis fiscaux. Qu'y a- t-il alors d'étonnant si le taux élevé de croissance dans nos pays n'a pas d'incidences sur la vie réelle des gens ? L'éducation citoyenne qui nous interpelle à présent doit consister à investir dans la réflexion sur nous-mêmes : savons-nous ce que nous mangeons ? Savons-nous qu'en fonction de ce savoir, nous contribuons soit au chômage, soit à la paix et à la sécurité ? Mais, dans un premier temps, je pense surtout à l'artisanat. En tant que ministre de la Culture et du Tourisme, j'ai travaillé avec des artisans et des créateurs talentueux capables de participer à l'émergence de cette autre Afrique. Pour les élites locales, l'aliénation culturelle est telle qu'elles pensent qu'on a réussi quand on a endossé une identité d'encravaté, avec belle voiture, belle maison etc. Quand on essaie de sortir de ce schéma, on échappe nécessairement à l'extraversion et à la dépendance. Le wax est un autre cas d'école. Plus nous consommons des produits fabriqués à l'étranger mais destinés à l'Afrique en prétendant qu'ils sont « africains », plus on est dans ce que j'appelle le « viol de l'imaginaire », lequel consiste à nous faire intérioriser l'image construite de nous-mêmes. Mise à part la couture du wax et du Bazin, ces produits souvent fabriqués à l'étranger ne créent pas d'emplois. Le coton est acheté ici à un prix que nos Etats ne fixent pas et exporté. L'idéal serait que des usines en transforment une partie localement, surtout dans la bande sahélienne dont une partie des pays dépend du coton. Nous avons mené ici la bataille contre la subvention de l'industrie du coton par les Etats-Unis et d'autres pays occidentaux. La paupérisation des paysans dans les zones cotonnières est liée à la nature du commerce mondial.

Qu'en est-il précisément des usines de fabrication sur le sol africain ?

A.D.T. : En Côte d'Ivoire, au Sénégal et sûrement ailleurs, il y a eu des efforts d'industrialisation du secteur. Mais avec la libéralisation totale des filières, le secteur bat de l'aile. Au Mali aussi, il y a eu des usines. La plupart ont fermé parce qu'il coûte moins cher d'importer que de transformer localement, en raison notamment du coût des machines et de l'électricité. Dans l'importation, la corruption étant la règle du jeu, il est toujours possible de payer moins de taxes et d'avoir des passe-droits : il est plus facile d'être importateur que propriétaire d'usine…Il existe, fort heureusement, des stylistes qui mettent en valeur des textiles fabriqués localement, souvent faits en main, comme le bogolan. La portée de ces initiatives dépend de notre regard sur nous-mêmes, et du privilège accordé aux petites et moyennes entreprises qui transforment localement le coton.

En tant que ministre de la Culture, vous avez également participé à la réflexion qui a présidé à la création du musée du Quai Branly…

A.D.T. : Oui Catherine Trautmann, qui était alors mon homologue française, m'avait invitée. J'ai vu les conditions d'acquisition de certaines pièces et tout ce que Paris était capable de faire pour obtenir gain de cause. Je me suis opposée à l'acquisition d'une pièce malienne. En vain. Le Président français a gagné, en s'adressant à son homologue malien. La question migratoire émergeait ; dans une tribune que j'ai publiée alors, j'interrogeais l'amour porté aux œuvres de l'esprit tandis qu'on se donnait tant de mal pour éloigner les ressortissants des pays dont elles sont originaires. A l'intérieur du musée du Quai Branly, l'Afrique est donnée à voir dans ce lieu prestigieux alors que les propriétaires de ces biens vendus à prix d'or sont assignés à résidence…

Ces débats, ceux du retour des œuvres, de la « réparation », ont ressurgi dernièrement en France. Comment vous positionnez-vous ?

A.D.T. : Le bon sens et la justice voudraient que ces œuvres soient restituées à l'Afrique. Il y a des tentatives en cours mais les musées qui les détiennent ne sont pas toujours prêts à jouer le jeu. Des débats ont lieu sur la capacité de l'Afrique à les préserver. Cela devrait d'abord concerner les Africains. L'arrogance à laquelle on nous a habitué prévaut dans ce domaine aussi. La plupart du temps, ces biens culturels avaient une fonction sociale et spirituelle-pas celle d'être dans des musées. Le retour de ces objets dans une Afrique en quête de sens et de repères est une nouvelle page de notre histoire, à écrire en fonction de nos besoins d'aujourd'hui.

Aminata Dramane Traore est la femme malienne qui dit non. C'est une militante altermondialiste qui pense qu'une autre Afrique est possible, une Afrique qui dispose de sa faculté de penser son propre avenir. Dans cet entretien, qu'elle a eu avec le journal « Le Point », elle développe une philosophie du « non ». « Quand on refuse, on dit non ! », aurait affirmé Samory Touré (1830-1900), le fondateur de l'empire du Wassoulou qui résista pendant plus de 25 ans à la conquête française de l'Afrique de l'Ouest. Eh bien, la Malienne Aminata Dramane Traoré, 71 ans, militante altermondialiste et essayiste, a souvent dit « non » et continue de le faire. « Non » à ses compatriotes maliens, quand en 2000, elle démissionne avec fracas du poste de ministre de la Culture et du Tourisme qu'elle occupait depuis trois ans pour retrouver sa liberté de parole, « Non » à la communauté internationale (et à l'Occident). « Non » à la mondialisation néolibérale, aux échanges inégaux et au néocolonialisme. « Non » à ce qu'elle appelle « le viol de l'imaginaire », titre d'un livre éponyme publié en 2001 (Fayard) où elle ne propose rien moins que de procéder au « lavage des cerveaux de l'élite politique et intellectuelle africaine ». Car elle n'en doute pas, « Une autre Afrique est possible, une Afrique réconciliée avec elle-même, disposant pleinement de sa faculté de penser son propre avenir et de produire du sens ». Dans cet esprit, elle a joué un rôle majeur dans l'organisation du volet africain du Forum social mondial qui s'est tenu à Bamako en 2006 et où elle a fustigé les mesures d'austérité imposées à l'Afrique par ses bailleurs de fonds. « Non » encore à la mise au ban par la communauté internationale de Robert Mugabe, le dictateur du Zimbabwe, pourtant affameur de son peuple, ou de l'ancien président ivoirien Laurent Gbagbo actuellement incarcéré à la Haye dans l'attente de son procès devant la Cour pénale internationale.

« Oui » pour mieux dire « non ». Dans l'utilisation du « non », Aminata Dramane Traoré ne s'encombre ni de doutes ni de nuances. Pour elle, c'est une évidence, mieux, un credo : les Occidentaux sont des donneurs de leçons qui font bien pire que ce qu'on reproche aux potentats africains. D'où son « non » à l'opération Serval menée par la France au Mali à partir de janvier 2013 pour stopper la marche des djihadistes d'Agmi sur Bamako. Pour elle, ce n'est que la volonté de l'ancienne métropole de recoloniser l'Afrique. « On nous a tout simplement volé notre pays », clame-t-elle alors avec vigueur, et tant pis pour la logique si c'est justement cette intervention militaire qui lui permet aujourd'hui de s'exprimer depuis Bamako… mais pour cette femme issue d'un milieu modeste et formée à l'école française-elle est passée par l'Université de Caen et est docteur en psychopathologie, les choses sont simples : les Occidentaux sont par nature coupables et les Africains victimes.

Adepte d'un féminisme de combat, elle n'hésite pas à poser sa candidature au poste de secrétaire générale de l'Organisation des Nations Unies (ONU) en juin 2016. « Je n'ai peut-être pas la tête de l'emploi, mais je m'invite dans ce débat », lance-t-elle, bravache. Avec son franc-parler habituel, celle qui sait très bien qu'elle n'a aucune chance d'être élue en profite pour dénoncer une ONU, « otage des grandes puissances ». « La tâche sera inachevée si nous nous en tenons à la dénonciation des institutions financières en ignorant le bras militaire de la domination ». Donc, « oui » à la direction de l'ONU pour mieux lui dire « non ». On ne changera pas la redoutable Aminata. « C'est la femme qui construira l'Afrique de demain ». Aminata Dramane Traoré est une figure de proue de l'altermondialisme. Elle combat le libéralisme, l'impérialisme occidental, le néocolonialisme français, l'intervention militaire française au Mali. Elle construit pas à pas la société africaine de demain chez elle à Bamako, à travers plusieurs lieux et projets citoyens. Elle est contre l'individualisme et le consumérisme. Elle est panafricaniste.

6

FATOU DIOME

« J'écris pour réinventer le monde à ma façon. Je vois ce que je voudrais améliorer, les fragilités humaines qui me touchent, que je voudrai protéger. Victor Hugo a écrit Les Misérables et il y a encore des SDF à Paris. Il n'y a pas de pouvoir magique à la fiction, mais elle m'empêche de tuer les gens », dit Fatou Diome. Fatou Diome est une écrivaine franco-sénégalaise. Elle est née à Niodior le 1 janvier 1968. En 1994, elle s'est installée en France. Elle est titulaire d'un doctorat en lettres qu'elle a obtenu à l'université de Strasbourg. Elle a enseigné à l'Université Marc-Bloch de Strasbourg et à l'Institut Supérieur de pédagogie de Karlsruhe, en Allemagne. Elle est auteure de plusieurs ouvrages : La Préférence nationale (recueil de nouvelles, 2001), Le Ventre de l'Atlantique (roman, 2003), Les Loups de l'Atlantique (nouvelles, 2002), Ketala (roman, 2006), Inassouvies, nos vies (roman, 2008), Le Vieil Homme sur la barque (récit, 2010), Celles qui attendent (roman, 2010), Mauve (récit, 2010), Impossible de grandir (roman, 2013), Marianne porte plainte ! (Essai, 2017).

Fatou Diome est Docteure honoris causa de l'université de Liège (2017), chevalier de l'ordre national du Mérite (2022). Elle pense l'impact de la colonisation, l'identité, l'exil, l'immigration en France, la relation entre la France et l'Afrique. Elle est contre les intolérants, défend le rôle de l'école et les valeurs républicaines et humaines. Elle combat le populisme du Rassemblement National en France. Elle revendique une coopération plus égalitaire entre l'Europe et l'Afrique. Elle combat le complexe colonial. Pour elle, tous les hommes se valent (colonisateurs, colonisés, Européens et Africains). Elle défend la nécessité pour les Africains de s'affranchir de leur statut de victime et pour les Européens de sortir d'une position de dominant afin de mettre fin aux schémas exploitant/ exploité, donateur/assisté. (Justice). Elle a étudié les lettres et la philosophie à l'Université de Strasbourg. En 2019, elle est lauréate du Prix littéraire des Rotary club de langue française pour son roman Les Veilleurs de Sangomar, aux éditions Albin Michel. Lisons cet entretien qu'elle a eu avec Taz.

Taz : Fatou Diome, dans vos romans, il se trouve des éléments autobiographiques sur votre vie au Sénégal et en France. Est-ce que ça ne vous rend pas vulnérable, d'intégrer des expériences personnelles ?

Fatou Diome : Non, parce que mes livres ne sont pas des récits, ils restent des romans. Il y a dans certains de mes livres une partie qui est reliée à mon histoire, mais cela reste une réflexion sur la société. Dans mon dernier roman (note de la rédaction : Impossible de grandir), il s'agissait de la situation des enfants, des problèmes de famille et de la question : comment trouver sa place dans la vie ? C'est plutôt une manière de dire, je suis là, et je dois lutter pour ma dignité.

Taz : On vous demande souvent comment vous vivez, en France, mais vous y habitez maintenant depuis 22 ans. Y a-t-il une justification implicite qui vous est ainsi demandée, pourquoi vous êtes en France ?

Fatou Diome : je trouve cela étrange qu'après 22 ans, on me demande encore : Vous préférez l'Europe ou l'Afrique ? Cela a cessé d'être une question pour moi. Ce sont ceux qui ont un problème avec ça qui me demandent de me justifier. Pour moi, c'est une chose normale, totalement banale. Un être humain ne se résume pas à sa couleur de peau ou à son lieu de naissance.

Taz : Les écrivains européens sont moins interrogés ou considérés d'après leur origine.

Fatou Diome : Oui, je pense qu'il est temps de changer de regard. Quand un Européen voyage en Asie ou en Afrique et qu'il écrit un livre, personne ne lui demande de se justifier. C'est juste un intellectuel, libre de réfléchir sur le monde. Pourquoi mettre les Africains dans un tiroir comme si le reste du monde ne les concernait pas, eux aussi ? Je revendique la liberté en tant que citoyenne du monde, en tant que femme et aussi ma liberté d'artiste.

Taz : Les lecteurs peuvent aussi apprendre quelque chose en lisant des livres qui se déroulent dans d'autres contextes.

Fatou Diome : C'est vrai, mais il ne faut pas réduire l'écrivain en guide touristique ! Dans un petit livre, Le Vieil homme sur la barque, je dis que « Lire un auteur par et pour ses origines, n'est que pure hérésie littéraire ». C'est-à-dire que vouloir comprendre un écrivain seulement à travers ses origines ou s'intéresser à son œuvre uniquement en raison de ses origines, pour moi, c'est une faute littéraire.

Taz : Que répondez-vous aux gens qui soulignent des différences entre l'Europe et l'Afrique ?

Fatou Diome : Il n'y a pas une manière africaine et une manière européenne de pleurer. Il y a une manière simplement humaine de souffrir ou d'apprendre des choses. Une musique, un livre, ça vous touche ou pas. Il s'agit de partager des révoltes, des utopies, d'améliorer la condition humaine. Et, à défaut de l'améliorer, dénoncer ce qui ne va pas. Et ça, c'est une réflexion collective.

Taz : Quel est un exemple où c'était bien d'avoir des expériences que vous avez collectionnées en Europe ?

Fatou Diome : Dans ma vie de femme, par exemple. Vivre en Europe m'a donné plus de liberté. Ce n'est pas que je n'avais pas de liberté en Afrique, puisque je me suis toujours battue là-bas, aussi. J'ai grandi dans une région de culture secrète, une culture matriarcale. Cela m'a sans doute aidée à adopter plus facilement la culture européenne, à vivre ma liberté de femme.

Taz : Cela avait quelle signification pour vous de grandir dans une culture matriarcale ?

Fatou Diome : Les femmes y ont toujours été très responsables. Elles sont libres et sont très respectées. J'ai été élevée par ma grand-mère, qui, même si elle n'utilisait pas le mot « féminisme », par sa manière de vivre, était une féministe et c'était une vraie leçon pour moi. Elle travaillait, avait la liberté de penser et d'agir. Donc cette liberté, quand on l'a apprise étant adolescente, on assume plus facilement sa vie de femme.

Taz : Donc une liberté qui vous a permis de devenir ce que vous êtes aujourd'hui ?

Fatou Diome : Qu'on soit en Europe ou en Afrique, être une fille et vouloir faire son propre chemin demeure un combat. Donc la liberté, on la gagne, on ne la reçoit pas. Ce n'est pas quelqu'un qui décide de vous donner votre liberté, c'est vous qui vous battez pour l'avoir.

Taz : Comment vivez-vous la mondialisation ?

Fatou Diome : Quand on a vécu dans la littérature, la philosophie, à échanger avec des gens ici, ailleurs, il n'y a pas une grande différence. La mondialisation, on en parle beaucoup maintenant. Alors que, pour moi, la mondialisation, c'était déjà quand j'étais à Dakar, quand je lisais les journaux, je savais ce qui se passait en Europe ou ailleurs. Ce qui se passait dans le monde, c'était dans ce même monde auquel j'appartiens.

Taz : Il y a des personnes qui voient la mondialisation pas seulement d'une manière positive.

Fatou Diome : Il y a des gens qui sont plus conscients de notre monde commun. Et des gens qui ont encore l'illusion de pays séparés avec des réalités séparées. Les réalités séparées, aujourd'hui, c'est une fiction. Vouloir mettre un mur au milieu de tout ça, c'est devenu une fiction. La limite territoriale, le cloisonnement, c'est devenu l'impossibilité de notre époque. Les gens qui veulent cela vont souffrir. C'est comme vouloir vider l'Atlantique à la petite cuillère. Les gens vont se rencontrer quoi qu'il arrive, donc, ils doivent apprendre à se découvrir et à se respecter. (Entretien : Marion Bergermann).

Fatou Diome combat « L'assignation identitaire ». Entretien avec Jeune Afrique.

J.A. : Qu'est-ce qui justifie ce nouveau rendez-vous avec Marianne ? Votre coup de gueule de 2017 contre la cristallisation du débat autour de l'identité, l'islamophobie et l'instrumentalisation de la laïcité a-t-il échoué à apaiser le climat politique ?

F.D. : Il y a cinq ans, l'extrême droite, déjà fort inquiétante, n'avait encore qu'une branche. Aujourd'hui, elle s'est ramifiée et sa progression dans les urnes apparaît absolument effrayante. Marine Le Pen s'est « normalisée » aux yeux de nombreux Français alors même que ses thèses n'ont pas changé. Je pensais naïvement que la période agitée qui avait motivé la rédaction de « Marianne porte plainte ! » disparaitrait. La situation s'est plutôt envenimée, un discours violent et identitaire décomplexé a envahi l'espace médiatique. Je veux marquer ma désapprobation. Comme disait mon grand-père, l'inertie hâte le naufrage, même à terre. Alors, je fais ce que je peux pour tirer la sonnette d'alarme.

J.A. : Vous brossez le portrait des faussaires qui, selon vous, menacent la cohésion de la République. Qui sont-ils ?

F.D. : Ils appartiennent à deux camps opposés, mais s'entretiennent et s'alimentent mutuellement. D'un côté, les loups de l'extrême droite qui hurlent fort leur détestation de l'altérité. Ils désignent sans vergogne des boucs émissaires-forcément Noirs ou Arabes qu'ils tiennent pour responsables de tous les maux, et n'aspirent qu'à les voir chassés hors du territoire. Face à ces loups, les faux bergers, piètres activistes, détournent le militantisme des causes honorables qu'il défend pour l'installer dans l'invective, la haine et l'agressivité, lesquelles sont dirigées non seulement contre les loups, mais aussi contre toutes les personnes qui ne partagent pas leurs points de vue ou leurs méthodes-et qu'ils considèrent comme des traîtres à la cause noire. Ces faux bergers s'accommodent tellement de l'idée d'être des victimes désignées qu'ils ne peuvent plus se départir de leur posture victimaire.

J.A. : Comment l'obsession identitaire s'est-elle progressivement installée en France ?

F.D. : Depuis mon arrivée en France, en 1994, le champ sémantique du discours politique n'a cessé d'évoluer. On est passé de la « fracture sociale », de Jacques Chirac, lors de la campagne présidentielle de 1995, à « l'identité nationale » de Nicolas Sarkozy, en 2007 et en 2017, puis au « grand remplacement » en 2022. Au fil des ans, à cause du terrorisme, on a stigmatisé tous les musulmans et évoqué la déchéance de nationalité. Et, parce que quelques Africains ne parvenaient pas à s'intégrer-souvent faute d'emploi ou de logement-, on a dénié aux autres leur nationalité française. Comment voulez-vous que celui à qui on répète à longueur de temps qu'il est un étranger développe un réel sentiment d'appartenance à la nation ?

J.A. : Dès les premières pages de votre livre, on découvre quelques-unes des lettres anonymes que vous avez reçues après la parution de « Marianne porte plainte ! ». Ce sont des injonctions au silence…

F.D. : Avec ces nombreuses lettres, j'aurais pu faire un recueil d'âneries. Les unes intiment à la « guenon » que je suis l'ordre d'arrêter de s'occuper des affaires de la France, les autres la menacent d'un retour au Sénégal les pieds devant. Au début, je m'en débarrassais, systématiquement. L'une de mes attachées de presse m'a conseillé de les conserver parce qu'elles pourraient servir un jour en cas d'enquête. Longtemps aussi, je me suis abstenue d'en parler pour ne pas faire de publicité à leurs auteurs-c 'est précisément ce qu'ils cherchent-ou leur donner l'impression que je suis terrorisée.

J.A. : L'êtes-vous ?

F.D. : Pas du tout. Ça m'est égal de mourir aujourd'hui ou demain. Ne cédant pas à la peur, je peux publier ce que je veux. Ecrire, c'est ma manière d'être au monde. Quel sens aurait ma vie si je ne pouvais plus faire état de ce qui me tracasse dans mes livres ? Si je cessais d'être le porte-voix des milliers de personnes qui partagent mes révoltes mais qui, elles, n'ont ni la capacité ni l'opportunité de les exprimer publiquement ? Continuer à écrire malgré les menaces participe d'un devoir citoyen.

J.A. : Cette injonction à vous taire vient-elle des deux côtés ?

F.D. : Ceux qui m'accusent d'être « une putain de Daech » et me somment de « retourner bouffer des bananes chez [moi] » sont visiblement des Caucasiens. En revanche, ceux qui me traitent de « vendue » ou de « négresse de service » sont forcément des Africains ou, en tout cas, des Noirs. C'est paradoxal : les mêmes m'applaudissent quand je critique les contrats léonins avec l'Europe. Je deviens alors leur sœur préférée, presque leur nouveau Sankara. Quand je m'insurge contre la polygamie, qui n'est pas adaptée au mode de vie du citadin en appartement, dans la promiscuité, qui aggrave la pauvreté et favorise les maladies sexuellement transmissibles, on crie à la pensée blanche. Qu'est-ce que cela signifie ? L'intelligence et le bon sens seraient-ils des plantes rares qui ne poussent que chez les Blancs ? Si vous êtes Noir, dès que vous remettez en cause une pratique dans votre communauté, vous êtes accusé de valider le discours occidental. On se respecte donc si peu pour s'estimer incapable de mener un raisonnement scientifique, dialectique, équilibré et progressiste ? C'est une pensée victimaire qui intègre la médiocrité comme faisant partie de nous. C'est ce que je combats : j'ai été élevée pour dépasser les choses qui m'écrasent. Quand je m'exprime ainsi, on m'accuse de ne pas avoir de compassion pour ceux qui échouent.

J.A. : En avez-vous ?

F.D. : J'ai été femme de ménage pendant sept ans en France. La galère, je sais à quoi elle ressemble. Je sais ce que c'est que d'envoyer 170 CV et de ne recevoir que deux réponses, l'une négative et l'autre proposant deux heures de travail par semaine. Ces déboires ne m'ont pas empêchée de regarder les étoiles et de me dire que j'en voulais une. C'est détruire une jeunesse entière que lui faire croire qu'à cause de la colonisation et de l'esclavage, elle est foutue pour toujours, parce qu'on l'aurait écrasée et appauvrie pour toujours. Il y a des pays européens plus pauvres que les nôtres. On n'hésite pas à y immigrer parce qu'on estime que tout ce qui est hors d'Afrique est toujours bon à prendre. Et on se retrouve dans d'obscures bleds en train de crever de faim. A un moment donné, il faut dire : « Ouvrez les yeux ! ». La pauvreté n'a pas de nationalité et elle ne demande pas de visa. C'est pareil pour la détresse humaine.

J.A. : Vous revendiquez votre liberté de penser. Est-ce cela qui vous fait dire que votre peau n'est pas une camisole de force ?

F.D. : Nul ne peut m'y enfermer. Serions-nous les seuls, nous, artistes africains, à n'avoir pas la liberté d'écrire sur ce que nous voulons ? Cette espèce d'injonction à parler et à se battre pour l'Afrique est assez révoltante. Je ne suis pas un soldat engagé dans une armée. Je fais ce que je veux : ma conscience, ma vie, mon histoire familiale et mon parcours m'appartiennent. Je peux être solidaire de mon peuple et du pays dans lequel je vis, comme n'importe quel être humain qui se sent une conscience politique, mais personne n'a le droit de me prescrire mes luttes ou mes engagements. Sommes-nous tous obligés d'aborder les mêmes thèmes ? On dirait que nous, Africains, avons décidé que, parler des difficultés des Noirs, maintenant, hier et avant-hier, est notre seule obligation de créer. Je le déplore : c'est une manière de réduire le champ des possibles pour les artistes du continent.

J.A. : Ressasser les mêmes sujets est finalement une forme de lâcheté, dites-vous ?

F.D. : C'est une manière de se protéger en restant enfermé dans le cocon de l'esclavage et de la colonisation, deux thèmes qui font toujours consensus. Ils rallient le plus grand nombre, qui pleurniche, critique, sans être capable de formuler la moindre solution. Je préfère être force de proposition.

J.A. : Cette camisole de force peut aussi être imposée par les Blancs.

F.D. : Oui. C'est de l'assignation identitaire. L'accepter, c'est faire le jeu des racistes et des sectaires. Elle consiste à nier l'aptitude de l'autre à se définir. Un Noir n'en vaut pas un autre ; chacun a sa propre histoire. De la même manière que la Shoa n'a pas touché toutes les familles juives, l'esclavage et la colonisation n'ont pas concerné tous les Noirs au même degré. Les uns ont très mal vécu la colonisation, les autres, retirés dans des zones de campagne et sans contact avec les gouverneurs de colonies, l'ont à peine expérimentée. Cette vérité, beaucoup ne veulent pas l'entendre. Tu es Noir ? Alors, tu as une révolte à amener, une amertume à gérer Je m'y refuse car la vie humaine est trop courte. Je préfère combattre les fléaux qui causent de réels soucis, lutter pour le développement et pour la dignité de l'Afrique.

J.A. : Ce qui vous apparaît comme de l'assignation identitaire est vu par d'autres comme une invitation à participer au combat.

F.D. : Les Africains sont enclins à utiliser un « nous » globalisant. Généralement, j'y adhère sauf quand ce « nous » devient dictatorial, quand l'outrage répond à l'outrage, conduisant parfois à la castagne. Comme a dit Martin Luther King : « Notre soif de liberté ne doit pas nous pousser à boire à la coupe de l'amertume et de la haine ». Lorsqu'ils combattent, certains des nôtres oublient qu'ils ont en face des gens qui les provoquent pour faire ressortir leurs mauvais côtés et mieux accréditer une image de nous qu'ils tentent d'imposer au public.

J.A. : A quel exemple de castagne pensez-vous ?

F.D. : Déboulonner les statues. S'il faut absolument en débouler, faisons-le à Dakar, Abidjan ou Cotonou. En tant que pays indépendants, nous sommes libres de changer les noms de nos rues et monuments. Une statue représentant Colbert a beau nous irriter en France, nous n'avons pas à nous en prendre à elle parce qu'elle est érigée dans son pays. Si j'étais députée française, je pourrais faire valoir que sa présence est dérangeante pour l'originaire d'Afrique que je suis. Ça peut se défendre…Pourquoi ne pas organiser un débat pour tenter de rallier la société à cette cause en lui expliquant que certains symboles peuvent heurter les citoyens ayant une histoire douloureuse avec l'esclavage ? Cela pourrait se traduire par le vote d'une loi. Cette démarche pacifique me semble plus constructive. Constituer des meutes pour aller renverser des statues n'a rien de glorieux. C'est primaire, c'est primitif.

J.A. : D'ailleurs, les déboulonner, n'est-ce pas discutable ?

F.D. : En effet. Comme les autodafés pour les livres. Faut-il passer un coup de gomme sur les symboles de l'Histoire pour se sentir en paix en faisant comme si cette histoire n'avait jamais existé ? Si ces statues demeurent, elles permettent de mieux instruire les jeunes Français sur le rôle peu glorieux que leur pays a pu jouer dans l'Histoire. J'attends des jeunes générations africaines qu'elles maîtrisent leur passé, le comprennent, le contextualisent pour avancer fièrement, librement, dignement.

J.A. : Le féminisme africain n'a pas attendu l'Occident.

F.D. : Le pire tort qu'on puisse leur causer, c'est de leur faire croire que la colonisation serait responsable de leur sort. Elles ne l'ont pas connue : tout est à leur portée, dès lors qu'elles acceptent de relever des défis. Evidemment, la lutte contre le racisme doit se poursuivre. Elle sera, je l'espère, plus facile pour les nouvelles générations, grâce notamment aux compétences qui sont les leurs. L'éducation permet de lever les barrières. C'est cette pensée-là que je souhaite installer. Elle est plus libératrice et, dans une certaine mesure, plus dangereuse que toutes les colères victimaires qu'on entend et qui ne servent à rien. Quand vous culpabilisez une personne, elle se braque, ne vous écoute plus. Quand vous argumentez, elle vous redoute davantage. Nul ne parvient à dominer celui qui argumente et agit de manière déterminée et résolue. (Interview réalisée par Clarisse Juompan-Yakam).

Une autre interview (réalisée cette fois par Ouest-France) va boucler notre enquête sur Fatou Diome.

O.F. : Dans quelles circonstances êtes-vous arrivée en France ?

F.D. : J'étais à la fac, au Sénégal, en 1991, quand j'ai rencontré mon ex-mari, un Français. Et, précision, je ne voulais pas partir, si loin, mais, il a réussi à me convaincre. Finalement, nous nous sommes mariés en 1994, avec le projet que je finisse mes études en France et, qu'ensuite, nous retournerions vivre au Sénégal. Voilà le plan qui m'a été vendu.

O.F. : Ça ne s'est pas passé comme prévu ?

F.D. : Non. Nous sommes venus à Strasbourg en 1994 après notre mariage, les siens voulaient « Blanche- Neige » et ce n'est pas moi ! Donc, ils nous ont pourri la vie. J'étais sûre de moi, la terre aurait pu trembler, je serais quand même restée avec lui. Mais il était peut-être plus fragile. Un jour, je suis rentrée de la fac et la maison était vide. J'étais une petite princesse avec mon prince charmant et, soudain, je suis devenue une immigrée.

O.F. : Quand vous étiez adolescente au Sénégal, quelle image aviez-vous de la France ?

F.D. : Je pensais venir, plus tard, visiter le pays de Hugo, Rimbaud, Prévert etc., tous ces poètes dont nous récitions les textes à l'école. Mais je n'avais pas du tout l'idée de m'installer ici. Je voulais être prof chez moi, rester auprès de mes grands-parents adorés. Les choses se sont passées comme elles se sont passées ; je ne me suis pas débinée, j'ai poursuivi mes études. Et pour être honnête, j'ai peut-être aussi voulu prouver au crapaud que je pouvais tenir bon, avec ou sans lui.

O.F. : D'où venait cet amour de la France ?

F.D. : C'est la France qui est venue me trouver sous mes cocotiers, à l'école. Je n'avais donc pas besoin d'être sur place pour aimer ce pays et sa langue, n'en déplaise aux rancuniers. Bien sûr, j'ai étudié l'histoire de l'esclavage et du colonialisme. Mais, je suis d'une génération née après les indépendances. Héritière des fruits d'une longue lutte, je n'aurais pas l'ingratitude d'invalider le combat de Senghor et Césaire. Libre, je mène le mien. J'ai donc grandi sans l'amertume du colonisé, c'est peut-être ce qui a rendu facile mon rapport à ce pays. Je me suis juste rendu compte que j'aimais la langue, sa culture, ses manières de vivre. Je suis devenue une citoyenne d'ici aussi.

O.F. : Comment avez-vous vécu la campagne présidentielle ?

F.D. : Je suis contente que nous ayons renvoyé les loups dans leur tanière. Quand j'ai vu les résultats affichés sur mon écran de télé, j'ai été soulagée. Mais je reste inquiète, en me disant que ce n'est pas fini, la vigilance s'impose.

O.F. : Vous dites que la parole raciste s'est libérée ces dernières années…

F.D. : Oui, elle s'est aussi radicalisée. J'entends des choses que l'on n'entendait pas il y a cinq ans ou dix ans. Vous croisez des gens dans la rue qui vous regardent en vous balançant à la figure : retourne chez toi ! Ça m'est arrivé. Avant, on vous regardait parfois de travers, mais en silence.

O.F. : Vous dites que vous recevez régulièrement des lettres d'injures. Ça ne vous décourage pas ?

F.D. : Je reçois ce genre de lettres depuis mon premier livre, en 2001. Je n'en avais jamais parlé avant. Ça ne me touche plus vraiment. Au début, j'étais outrée. Les années passant, j'ai compris que la bêtise ne sera jamais démodée, donc notre combat non plus. Je ne veux pas laisser le contrôle de mes émotions à ces gens-là, alors, j'essaie de rester zen. Ceux qui me bousculent ou m'envoient des lettres d'insultes ne sont pas de plus légitimes Français que mes amis, ils ne sont pas majoritaires dans le pays non plus.

O.F. : Vous êtes toujours amoureuse de la France ?

F.D. : Pourquoi toujours cette question ? Pour moi, c'est une question de loyauté et d'intégrité morale. On ne me fera jamais dire du mal de la France, mais comme toute citoyenne, je critique ce que je voudrais voir amélioré. Personne ne me force à rester, je suis là en toute liberté. Ne pas aimer le pays dans lequel on vit, quand on l'a choisi, c'est manquer de respect à soi-même. Alors, oui, j'aime la France, je crois en ses valeurs, à elle de me prouver que j'ai raison. Quand elle nous accorde sa nationalité, nous légitime comme ses enfants adoptifs, ce n'est pas pour que l'on fasse de nous des boucs émissaires ou des larbins de nos concitoyens. Je revendique les mêmes droits que n'importe quelle Française et me reconnais les mêmes devoirs.

O.F. : Vous n'êtes pas tendre avec certains militants de l'antiracisme que vous appelez les « faux bergers ». Que pensez-vous du discours décolonial ?

F.D. : Je me suis assez cassé la figure dans la vie, donc au lieu de perdre mon temps à compter les plaies, je préfère écrire, c'est-à-dire, chercher une voie pour un monde meilleur. Oui, le racisme existe, il faut le combattre. Mais je ne vais pas structurer ma vie uniquement dans le mode victime, oiseau blessé, ça ne m'intéresse pas. En revanche, que faire ? Et comment ? Ça, c'est passionnant. Je viens d'un peuple marin, là-bas, on apprend à regarder les vagues en face, j'essaie de négocier les miennes.

O.F. : Les descendants des anciens colonisés n'ont-ils pas raison de demander des comptes ?

F.D. : Pour moi, un vrai leader libère les gens, il leur apprend l'autonomie, leur rend leur dignité, malgré les malheurs du passé. Je veux une Afrique debout. Mon Afrique, elle ne baisse pas la tête, elle n'a plus de temps à perdre en complainte, sa jeunesse demande et mérite un bel horizon. Même faire pousser une toute petite cacahuète, c'est plus utile que de faire de la spéléologie mémorielle et de perdre son souffle en accusations qui, bien que justes, restent inopérantes. En cette époque où la survie des nations passe par les échanges et la diversité des partenaires, la confrontation est stérile. Si vous voulez trouver un terrain d'entente avec un partenaire plus fort que vous, ce n'est pas en insultant ou cognant que vous aurez gain de cause.

O.F. : On vous reproche d'être une traître à la cause noire...

F.D. : Ce reproche ne me concerne pas, ou plutôt, ne m'atteint pas. Ceux qui disent cela n'expriment que leur seule opinion ; et leur méthode de lutte invalide-t-elle toute autre ? Je n'essaie pas de diriger qui que ce soit, je ne réclame aucune place de gourou. Ne faisant de mal à personne, j'essaie juste de tracer ma petite voie et personne n'a le droit de lâcher des libellules dans ma tête. C'est donc moi qui décide de ce que j'écris et quelles conférences je fais ou non. Pour être correcte avec les autres, il faut d'abord l'être avec soi-même.

O.F. : Que faudrait-il faire pour que chacun trouve son compte ?

F.D. : Le vrai combat pour l'Afrique, aujourd'hui, c'est l'économie. Ce n'est pas une affaire de Noirs et de Blancs, mais de ce qui est juste ou injuste. Les entreprises qui aggravent le dérèglement climatique sont occidentales, ce sont les mêmes qui accaparent les ressources et entretiennent le déséquilibre économique mondial. Et pourtant, c'est l'Afrique qui paie déjà le plus lourd tribut. Là-bas, comme ici, ce sont les plus pauvres qui souffrent et souffriront encore plus si rien n'est fait. La jeunesse africaine sera libre quand elle se rendra compte qu'elle doit défendre ses droits, exactement comme le petit parisien défend les siens, avec des arguments actuels. Peu importe le taux de mélanine, l'évidence, c'est que chacun a droit à sa part de pain. L'Afrique ne renoncera pas à la sienne.

7

EBEN BOUANAY

Qui est Eben Bouanay ? C'est une Ivoirienne qui vit au Canada. Elle est activiste, éveilleuse de conscience, écrivaine. Afric'Sol Prod la décrit comme suit : « Je suis Jean-Luc Moro, journaliste et un observateur très silencieux des réseaux sociaux. Pourtant, depuis quelques mois, je suis subjugué par une femme qui crève l'écran de mon ordinateur à chacune de ses apparitions. Une femme qui par sa constance et sa pertinence, doublée d'un charisme et d'une aura particuliers m'a séduit. Cette femme, cultivée, polie, respectueuse, te capte par sa façon de se présenter : sobre, naturelle, sans artifices. Elle te scotch à l'écran, t'hypnotise. Eben Bouanay de Dassioko (son nom Facebook) a une manière authentique et unique de faire passer ses messages. Elle utilise les contes, métaphores, images qu'elle puise dans le riche patrimoine africain. Elle utilise aussi les faits de la vie quotidienne. Elle rallie aujourd'hui plus d'une DIZAINE DE MILLIERS DE PERSONNES qui la suivent sur FACEBOOK.

Vivant au Canada, elle n'est ni pro ceci, ni pro cela. On pourrait la qualifier de pro Côte d'Ivoire et pro Afrique. Fière de ses origines Africaines et Ivoiriennes, elle séduit et convainc par ses messages rassembleurs et patriotiques. Eben Bouanay de Dassioko est ainsi devenue au fil du temps, « la voix des sans voix » en réagissant à l'actualité de son pays, toujours avec politesse et courtoisie, même quand elle est en colère. Cette Ivoirienne devient à n'en point douter un espoir pour la Côte d'Ivoire. Un espoir des jeunes générations en colère contre les hommes politiques. Une boussole de la société civile de son pays. Sans coloration partisane ni ethnique. Eben Bouanay de Dassioko est une IVOIRIENNE tout court ! Elle appelle au rassemblement autour du pays. Cette dame qui me surprend à chaque apparition, m'a dernièrement subjugué, raison de mon écrit. Elle s'est présentée dans sa vie professionnelle avec beaucoup d'humilité, marque des GRANDS. Elle est caissière au Mac Donald's et technicienne de surface dans un centre commercial ! Quelle humilité ! Quelle grandeur d'âme ! Le roi David était un simple berger, une personne ordinaire. Et pourtant, c'est lui qui a été oint. Les messages véhiculés par cette dame sont compris par son peuple qui se reconnaît en elle, telle une boussole. Elle sait parler à son peuple avec ses mots d'apaisement. Elle pleure avec lui. S'énerve pour lui, le calme, l'apaise, l'aime. L'espoir véhiculé par cette dame ne fera que grandir. Car il est empreint de sagesse, de politesse, de courtoisie, de simplicité et surtout d'amour pour sa chère Côte d'Ivoire et pour sa population ». (Jean-Luc Moro)

Voici un discours très significatif de Eben Bouanay aux Africains : « Africains, Africaines, bonjour ! Descendants d'Africains vivant partout dans le monde, bonjour ! Nos ancêtres, comme vous le savez, vivaient en parfaite harmonie avec la nature grâce à laquelle ils se nourrissaient, ils se soignaient, ils s'habillaient. Ils comprenaient le monde dans lequel ils vivaient. Ils prévoyaient des cataclysmes etc., etc. La nature était leur partenaire, leur alliée. Ils la respectaient. Et la nature le leur rendait bien. Essayez de vous représenter mentalement une forêt. Elle est composée de toutes sortes d'arbres : des grands, des petits, des gros, des longs, etc., etc., grosses feuilles. Petites feuilles, feuilles aux blonds etc., etc. Il y a des lianes, il y a des champignons, il y a la mousse, il y a tout. Tout, dans une forêt. C'est ça qui fait la forêt. La diversité des espèces, des essences. C'est ça qui fait la forêt. Est-ce que vous savez que la forêt communique ? Est-ce que vous savez que les arbres communiquent entre eux ? A travers leurs feuilles mais aussi et surtout à travers leurs racines. Chaque arbre n'a pas son périmètre de racines tout à lui. Le sous-sol, c'est le sous-sol. C'est un vaste réseau racinaire à travers lequel les animaux se communiquent des informations les uns aux autres. Les nutriments nécessaires, les substances et tout ce que vous voulez. Les arbres ne laissent pas mourir un autre arbre ; non. Ils lui apportent les nutriments nécessaires pour qu'il se régénère. S'il est arrivé à sa mort, bon, il est arrivé à sa mort. Mais les souches sont capables d'être régénérées grâce à l'apport des autres arbres. Si un arbre est attaqué par des prédateurs etc., etc., il envoie un message aux autres et puis eux, ils se préparent et ils secrètent tout de suite une substance toxique qui permet de faire mal à celui qui leur en veut. C'est normal. On peut disserter dessus des heures et des heures sur ce qui se passe dans la forêt avec les plantes. Mais je voudrais qu'on retienne le côté positif. Les plantes sont solidaires entre elles. Un arbre qui est au bord de l'eau est capable de transporter une quantité d'eau dans ses racines pour la porter à un autre arbre qui est loin. De racine à racine, ils vont apporter la substance à celui qui en a besoin. Nous, Africains, faisons comme la forêt. Faisons comme les plantes. Nous nous disons humains, nous sommes réfléchis. Aujourd'hui, on a internet ; moi qui vous parle, vous allez me recevoir en une fraction de seconde. Oui, on prend des avions, on fait des études et tout ça mais. Observons la nature et servons-nous des enseignements qu'elle nous donne. La forêt est constituée de toutes sortes d'arbres. Et la forêt, elle est verte. Parce qu'il y a une bonne communication entre eux. Parce qu'il y a un équilibre entre eux. Parce qu'il y a un partage entre eux. La forêt est verte. Toutes les plantes, toutes les feuilles sont vertes. Certaines vont être légèrement plus vertes que d'autres mais généralement elles sont toutes vertes. Pourquoi au niveau de l'Afrique on n'est pas capable de faire ça ? Pourquoi ?

J'ai plusieurs messages, des centaines de messages après la symbolique du balai. Merci à chacun de vous. Merci, merci, merci beaucoup. Grâce à vous, cette vidéo s'est retrouvée partout dans le monde entier. Comme un vent qui a emporté du pollen. Le pollen la transporte avec lui des graines qui sont capables de germer ailleurs. J'espère que ces graines vont germer et créer une forêt, une forêt africaine. J'ai reçu aussi des messages qui m'ont dit : oh, tu perds ton temps, tu rêves, nous sommes mauvais, nous sommes ci, nous sommes ça. Le Gabon a eu des problèmes, où sont les Africains ? La Côte d'Ivoire a été attaquée par le Burkina Faso. Où étaient les autres Africains ? Oui. Je n'en disconviens pas. Je suis Ivoirienne. J'ai vécu ce qui s'est passé. Mais nous n'allons pas rester dans ça. Notre responsabilité aujourd'hui, en tant qu'adultes, c'est de laisser quelque chose de potable à nos enfants. Moi, je ne veux pas m'attarder sur le côté négatif. Chacun va faire son mea culpa à son niveau pour que nous soyons comme la forêt, pour que nous puissions avoir notre moyen de communiquer à nous, propre à nous, comme la forêt a son propre moyen de communication. S'emmener les affaires par les racines, par les feuilles, s'envoyer des messages. La forêt parle. Elle se parle. Parlons-nous. Regardons ce qui ne va pas et essayons de l'améliorer sinon nous allons rester comme ça. Si on doit rester dans : « ma sœur, tu perds ton temps, on est mauvais entre nous », on va rester comme ça. Un enfant qu'on éduque et qu'on insulte tout le temps : « tu es bête, tu es bête, tu es bête », finira par être convaincu qu'il est bête. Nous ne sommes pas maudits. Moi, je ne suis pas maudite. Mes enfants ne sont pas maudits. Mes ascendants, mon grand-père, mon père, mon arrière-grand-père ne sont pas maudits. Oui, Noé a fait trois enfants et puis a bu du vin, il était saoul et puis il y a un qui l'a vu, il s'est moqué et les autres l'ont dit à Noé et puis il l'a maudit, c'est lui l'ancêtre des Noirs parce qu'il a dit qu'il sera l'esclave de ses frères.

Non. Je m'inscris en faux dans ça. Moi, je ne suis pas maudite. Aucun Africain n'est maudit. Aucun Noir n'est maudit. Refusez ça. Refusez ça. Nous ne sommes pas maudits. Mon ancêtre, ce n'est pas cet individu dont on parle. Je ne me reconnais pas dans ça. Non. Et je vous exhorte à refuser ça. Refusons ça. Parce que si tu es convaincu que tu es maudit, tu vas te comporter comme celui qui est maudit. Non. On est capable de réfléchir. On est capable de fabriquer des choses. On crée des choses. Mais pour que notre voix puisse porter, il faut qu'on soit comme une forêt. Il y a toutes sortes d'arbres dans une forêt. Mais c'est la forêt. Quand on se tient de loin et qu'on regarde la forêt, on voit que toutes les feuilles sont vertes. On a l'impression que toutes les feuilles sont les mêmes. C'est quand on s'approche de la forêt qu'on voit que les essences sont différentes. Essayons. Non, n'essayons pas. Faisons. D'abord, refusons cette malédiction inventée par je ne sais qui là. Refusons-la d'abord. Ensuite regardons nos frères. Revoyons l'Union Africaine. A quoi sert-elle ? Parce que le Gabon a un problème, les autres Africains qui sont dans une même ville que les Gabonais ne se sentent pas concernés. Le Togo a des problèmes. Les autres Africains ne se sentent pas concernés etc., etc., etc. Il faut qu'on arrête ça. Il est temps. Arrêtons ça. Ça fait partie du passé. Qu'on coure, on marche, on regarde en arrière. « Est-ce que j'ai parcouru le bon chemin ? ». Quand on voit que le chemin qu'on a parcouru est bon, on continue. Si on voit que le chemin n'est pas bon, on s'assoit. Et puis on dit : « bon, est-ce que je vais à gauche, est-ce que je vais à droite ? » Et puis on prend la décision qui s'impose. Mais on ne reste pas dans : « Mais c'est comme ça on est. On est mauvais entre nous oh ! ». Non. Il faut qu'on arrête ça. Moi, je vous exhorte, frères et sœurs, à repenser notre façon de nous comporter. Ça ne va pas se faire du jour au lendemain. C'est vrai, je vous le concède. Mais accepter de changer cette façon, c'est sûr qu'on a déjà gagné. Accepter de refuser cette façon de penser, on a déjà fait un pas. Soyons comme la forêt. Les exemples, ils sont légion. Mais moi, j'aime beaucoup la nature. Parce que la nature, elle est pure. Soyons comme la forêt. Différents, chacun dans son essence, mais faisant partie d'une seule entité, les arbres se soutiennent les uns les autres. Je vous aime beaucoup. Je vous exhorte. Je vous exhorte à changer notre façon de faire, à changer notre façon de penser, à changer le regard que nous avons envers les uns et les autres. C'est seulement à ce prix-là que nous allons être un continent fort. Regardons les autres comme ils se comportent. Ils ont eu leurs palabres. Ils ont eu leurs guerres. La France et l'Allemagne, par exemple, ont fait leur guerre. Mais aujourd'hui, elles se mettent ensemble pour venir nous combattre et puis, nous, on les regarde. « On est mauvais entre nous ». Il n'y a pas de miracle, il n'y a pas de magie. C'est dans l'attitude et dans le changement de mentalité que nous allons nous en sortir et j'ai foi. Je vous aime. Allons-y, on est capable ».

Voici un autre message non moins éloquent de Eben Bouanay qui s'adresse aux Noirs du monde entier. « ...Aujourd'hui, les Noirs sont à la page comme on dit. Avec le décès de cet Américain, ce décès scandaleux, crapuleux, auquel tout le monde a assisté en direct grâce aux réseaux sociaux, le monde est en pleine ébullition. C'est le sujet de mon divers du mardi d'aujourd'hui (Mais je vous donne le temps de vous installer et après le générique, nous allons continuer). Il m'est déjà arrivé, il y a peut-être deux ans, d'avoir fait une vidéo où j'ai critiqué le fait que nous, les Noirs, nous ne sommes pas solidaires. Et plus le temps passe, plus les événements donnent raison à ceux qui pensent ceci : les gens développent des théories qui sont vraies, des choses qu'on voit au quotidien, dont on parle, qui sont vraies aussi. Les autres communautés sont très solidaires entre elles. On sait qu'un Chinois ou un Asiatique, s'il doit aller faire une épicerie, même s'il faut qu'il marche un kilomètre pour aller chez un autre Asiatique, pour aller lui donner deux dollars, il le fera. Même s'il y a dix épiceries d'Africains les unes à la suite des autres, sur sa rue, il va les dépasser toutes pour aller payer chez son frère Asiatique. Les Juifs en font de même. Ils sont même pires. Partout, les autres sont solidaires. Mais nous, on peut laisser l'épicerie africaine pour aller dans une épicerie pakistanaise pour acheter les mêmes choses qui se trouvent chez le frère africain. Ça fait que nous ne sommes pas solides. Ça fait que nous ne sommes craints par personne. Personne ne craint les Noirs. N'importe qui peut faire ce qu'il veut aux Noirs. Est-ce que vous avez déjà vu les gens aller s'en prendre à un Juif ? Jamais. On ne peut pas s'en prendre aux Juifs parce que les Juifs sont solides. Ici, au Québec, il y a hôpital juif, quartier chinois, quartier italien, il y a la fête de la saint Patrick qui n'est pas une fête du Québec pourtant, on fête la saint Patrick parce que les gens ont réussi à se faire une communauté solide. Ils ont réussi à implanter partout où ils passent une communauté solide. Je n'ai pas encore entendu quelque part qu'il y a un quartier africain ou une banque africaine ou un hôpital africain. Il y a hôpital juif. Et les communautés, elles sont fermées sur elles. Leur argent reste dans leur communauté. Ça, on en parle tout le temps. Nos frères ont des épiceries. On dit que c'est cher ; c'est vrai. Mais de temps en temps, on peut y aller. Quand le frère, qui a l'épicerie, va avoir un marché solide, il pourra embaucher nos enfants. Mais on n'y pense pas. Il y a des avocats africains qui sont dans les villes. Il y a des architectes africains qui sont dans les villes. Il y a des opticiens africains qui sont dans les villes ou bien je vais dire noirs à la limite. Est-ce qu'on y va ? Parce que nous, les Noirs, nous sommes dispersés. Il y a les Haïtiens, il y a les Guadeloupéens, il y a les Africains. Et parmi les Africains, il y a les Togolais, il y a les Béninois, il y a les Sénégalais etc., etc., etc. On ne se reconnaît pas, en tant que Noir. On ne se reconnaît pas comme étant une communauté unique et distincte. Chacun est de son côté. Que l'autre Noir soit en train de pleurer, on ne se sent pas concerné parce qu'il n'est pas de notre pays, parce qu'il n'est pas de notre continent. Les Haïtiens et ceux dont les ancêtres ont été déportés dans les îles, il y en a qui ne se considèrent pas comme étant Africains. C'est normal. Ils sont nés dans un environnement, ils ont grandi dans cet environnement. C'est cet environnement qui est leur environnement. Les Noirs qui sont aux Etats-Unis, ils se considèrent mieux que les Africains. Pourtant, on vient de la même famille. Nous n'avons pas une communauté noire commune. Il va falloir qu'on y pense sérieusement. Quand tu rencontres quelqu'un, qu'il soit Haïtien, qu'il soit Guadeloupéen, qu'il soit Réunionnais, si tu vois que la couleur de sa peau est la même que la tienne, il doit être ton frère. Et il faut qu'on revoie l'histoire qu'on nous a enseignée. Ceux-là dont les ancêtres ont été déportés dans les îles en veulent aux descendants d'Africains parce qu'on leur a dit que ce sont leurs ancêtres qui ont vendu les leurs aux Blancs mais la vérité peut être toute autre chose. Et nous avons trimballé ces choses-là jusqu'à aujourd'hui. Nous continuons de nous diviser. Et ça fait que nous ne faisons peur à personne. Même aujourd'hui, dans ce désordre qui est en train de se passer sous nos yeux aux Etats-Unis, il y a des Noirs qui ne se sentent pas concernés par ça. Il y a des Noirs qui sont en train de combattre ce monsieur. Mais c'est à quel moment on va s'en sortir ?

On ne s'en sortira jamais. Et les autres vont toujours nous piétiner. Aujourd'hui, c'est George, demain ça va être John, un autre jour ça va être Sissoko, après ça va être Moussa, Koffi ou bien je ne sais qui, peu importe. Mais les autres, eux, nous voient comme un peuple distinct. Ce sont les Noirs et c'est tout. Mais nous, on ne se voit pas comme étant un peuple un. On voit des différences entre nous, on se combat entre nous. On va rester toujours à pleurer nos morts. Nous allons toujours rester à pleurer nos morts. Il va falloir que nous revoyions notre façon de penser. Il va falloir que nous essayions de reformater notre ordinateur qui est celui du cerveau. Il va falloir que nous commencions à changer nos habitudes. Il va falloir que nous nous soutenions mutuellement. Un Noir est un Noir. Peu importe où il est né. Peu importe d'où il vient. Peu importe où il vit. Un Noir, c'est un Noir. Parce que, pour les autres, nous sommes des Noirs. Et nous sommes tous logés à la même enseigne. Pour eux, le Noir, c'est le dernier de l'humanité. Le Noir est idiot, il est stupide. Le Noir c'est un braqueur, c'est un trafiquant de drogue, c'est un voleur. Le Noir, il vient toujours en retard. Le Noir est paresseux. Le Noir aime danser. Le Noir aime le poulet. Ça, ce sont des stéréotypes qu'ils véhiculent. Mais nous, entre nous, on trouve que le Togolais est ceci, le Béninois est ceci, le Guadeloupéen est comme ça. L'Américain noir est là-bas. Nous-mêmes on crée, nous-mêmes on donne les germes de notre propre destruction. La destruction du Noir vient du sein du Noir. Le jour que nous allons prendre conscience de cette réalité, beaucoup de choses changeront. Quand nous allons vouloir chacun vivre de son côté, se méfier du Noir et puis avoir plus de confiance aux autres, c'est la vérité, de toutes les façons, parce que dans notre communauté, on sait comment on vit. On se fait du mal entre nous. Nous voulons faire des affaires mais nous ne cherchons pas à nous professionnaliser dedans. Nous faisons du commerce mais nous ne cherchons pas à savoir comment administrer, comment gérer. Quand l'un d'entre nous a un problème, c'est nous-mêmes qui véhiculons les moqueries. Mais ça fait que les autres se méfient et puis maintenant la méfiance s'est installée entre nous. On préfère faire confiance aux gens avec qui on vit plutôt que de faire confiance à nos frères. Mais c'est parce qu'entre nous, il n'y a pas cette unité-là. Ça va prendre le temps que ça va prendre mais il va falloir qu'à un moment donné, nous prenions conscience de ça. Oui, les femmes noires ne sont pas ceci, les femmes noires ne sont pas cela. Tu vas te mettre avec une femme noire, elle va te créer des problèmes. Tu vas la faire venir de votre pays, une fois qu'elle va arriver où tu vis, elle va commencer à connaître les habitudes de l'endroit, c'est elle qui va te créer des problèmes. Ou bien tu vas faire venir un Noir. Tu vas l'installer et quand il va commencer à connaître les choses d'ici, c'est lui qui va être ton propre bourreau. Ce sont des réalités que nous voyons au quotidien. On ne peut pas le cacher. On ne peut pas le nier. Tant que nous allons continuer à nous autoflageller, tant que nous allons continuer à nous-mêmes nous faire du mal entre nous, nous allons toujours pleurer. Aujourd'hui, aller manifester, aller casser, aller voler les choses des gens est-ce que ça va résoudre le problème ? A un moment donné, ça va s'arrêter, à un moment donné ça va se calmer. Qu'est-ce que nous aurons tirer comme leçon de ça ? Nous ne tirerons aucune leçon. Même si on condamne ce monsieur. Même si on le met sur la chaise électrique et que nous, notre façon de penser, que nous notre façon de nous percevoir nous-mêmes n'a pas changé, ça ne donnera rien. La balle est dans notre camp. On le dit tout le temps. La balle est dans notre camp. Commençons par créer une société noire solide. Une société noire solide. De temps en temps, il va y avoir des événements comme ça. On va crier et puis après la vie va reprendre son cours, on va rester dans nos habitudes. Tu as un salon de coiffure, tu n'es pas professionnel. Même si tu vis dans un pays où autour de toi, tout est professionnel, tu ne te professionnalises pas. Tu fais un restaurant, tu essaies de faire les plats des autres pays, mais tu ne t'approches pas des natifs de ce pays-là pour savoir comment ce plat-là se présente. Tu fais n'importe quoi. Les autres pour t'encourager, ils vont continuer à acheter. Mais à un moment donné, quand quelqu'un va faire les mêmes affaires qu'il fait, ils vont aller là-bas. Donc on ne peut pas de toutes les façons lancer la pierre à ceux qui vont chez les Chinois ou bien chez les Pakistanais pour faire leur épicerie, si dans l'épicerie de leur frère, ils ne sont pas capables de trouver le professionnalisme. Ou bien tu rentres dans l'épicerie, c'est désordonné, ça pue, tu n'as plus envie d'aller là-bas. Quand on vit dans un environnement, on regarde comment les autres se comportent. On prend ce qui est bon chez eux et puis ce qui n'est pas bon chez eux, on ne le prend pas. On mélange ce qu'on prend de bon chez eux et ce qui est bon chez nous et puis on crée un produit propre avec ça. Si nous voulons nous lancer en affaires, soyons professionnels. Mais le professionnalisme, il viendra lorsque nous serons vraiment solidaires. Quand tu vas aller dans l'épicerie de ton frère et que tu vas lui faire une proposition qu'il va accepter avec bon cœur, il va s'améliorer. Mais quand il n'acceptera pas, ça ne changera pas.

8

ANGÉLIQUE KIDJO

Angélique Kidjo est née à Cotonou (Bénin), le 14 juillet 1960. Son père est un Fon de Ouidah et sa mère, Yorouba, directrice d'une troupe théâtrale et femme d'affaires. Dès l'âge de 6 ans, elle intègre la troupe théâtrale de sa mère. Cela a fait naître en elle le goût pour les musiques et les danses traditionnelles. Elle intègre ensuite l'orchestre de ses frères. Elle part en France en 1983. Là, elle joue dans plusieurs groupes puis se lance en solo. Après avoir conquis l'Europe avec de nombreux tubes, elle atterrit à New-York. Elle est nommée Ambassadrice de bonne volonté de l'UNESCO. Elle collabore avec de célèbres musiciens américains tels John Legend, Stevie Wonder, Alicia Keys…Elle est classée parmi les 100 femmes les plus influentes au monde par The Guardian. Le Time la présente comme la première diva africaine. Elle atteint le sommet de la notoriété mondiale en recevant trois Grammy Awards (la plus haute distinction musicale aux Etats-Unis d'Amérique) avec trois différents albums. Au total, elle a reçu cinq Grammy Awards. Elle fait également beaucoup de social en Afrique à travers sa fondation

Batonga qui aide les jeunes filles en situation difficile. Elle milite contre la déscolarisation des filles et le mariage précoce.

Angélique Kidjo est une fierté béninoise à travers le monde entier. Elle préserve son authenticité comme première ambassadrice de la culture vodou. « La vie appelle à des compromis. On peut ne pas être d'accord, mais on peut trouver une façon de vivre ensemble », dit-elle. « Nous sommes les témoins de notre temps. Le plus important pour moi, c'est le vivre ensemble ». Telle est la philosophie de Angélique Kidjo. C'est vraiment digne d'un ange. C'est angélique. Ses sources d'inspiration sont Miriam Makeba, Bella Bello, James Brown, Aretha Franklin, Jimi Hendrix, Carlos Santana. Elle a bénéficié de plusieurs influences musicales comme la pop africaine, le Zouk, la rumba congolaise, le jazz, le gospel etc. Elle a connu un très grand succès avec ses chansons comme Agolo, Wewe, Adouma, Wombo, Lombo, Afrika et Batonga. Elle chante en fon, en français, en anglais, en yorouba, en mina. Le 6 juin 2013, elle a été élue vice-Présidente de la Confédération internationale des sociétés d'auteurs et compositeurs (CISAC). Angélique Kidjo figure sur la liste des 50 icones du continent africain. Le magazine Forbe la classe première femme sur la liste des 40 célébrités les plus importantes d'Afrique. Le Daily Telegraph la décrit en 2012, lors des jeux olympiques de Londres, comme la « reine incontestée de la musique africaine ». Paris Match la place en tête de sa liste des 10 femmes les plus influentes d'Afrique et l'inclut dans sa liste des 10 artistes africains les plus engagés. Le 15 septembre 2021, Time Magazine a inclu Angélique Kidjo dans sa liste annuelle des 100 personnes les plus influentes au monde. Angélique Kidjo s'est produite lors de la cérémonie du prix Nobel de la paix en 2011, de l'Assemblée générale des Nations unies en 2015 et de la cérémonie d'ouverture des jeux olympiques de Tokyo en 2021. Sa fondation caritative appelée Batonga soutient les efforts d'entrepreneuriat des femmes et l'éducation des filles, en 2006. En 2020, Batonga a géré 173 clubs de leadership (à distance) pour les filles âgées de 10 à 18 ans, et a créé 50 cercles de petites entreprises pour les jeunes femmes, entrepreneures qui, à leur tour, ont vu le lancement de 50 nouvelles entreprises (Netalkole media).

Afrolivresque décrit Angélique Kidjo. « Angélique Kidjo sort ce 30 août 2017 son livre « La Voix est le miroir de l'âme-Mémoires d'une diva engagée » (éditions Fayard). Ce livre est l'histoire d'Angélique, jeune fille béninoise au parcours phénoménal. C'est un récit éloquent, vivace et empli de foi en l'humanité que la diva conte entre succès musicaux et engagements humanitaires.

La chanteuse, compositrice, activiste Angélique Kidjo, classée par The Guardian comme l'une des 100 femmes les plus influentes du monde, avec son groupe d'amis proches, dont Alicia Keys, Carlos Santana, Dave Mathews, Peter Gabriel, a façonné le monde de la musique. Bill Clinton a fait son éloge. Nelson Mandela la considérait comme une confidente. Barack Obama a spécialement demandé qu'elle donne une représentation pour lui. Et Desmond Tutu a préfacé ses mémoires. Mais, avant qu'Angélique Kidjo ne soit une star parcourant le monde, avec ses albums caracolant en tête des ventes, avant de devenir ambassadrice de l'UNICEF, de créer la Fondation Batonga pour promouvoir la scolarisation des filles en Afrique, et avant de se lancer dans un tour du monde pour unir différentes cultures de la planète à travers sa musique, elle était une jeune fille vivant au Bénin, qui a dû fuir le régime communiste. Après une fuite dangereuse en France, elle se retrouve sans le sou, dans le métro, luttant pour joindre les deux bouts. En 1991, son troisième album, Logozo, se vend à 40000 exemplaires.

Depuis, le succès de sa musique et la fermeté de son engagement ne se sont pas démentis. Ce livre en raconte toute l'histoire. Personne ne parle avec l'éloquence, la résilience, la vivacité, la croyance intacte dans le bien de l'humanité et le pouvoir de la musique comme Angélique Kidjo ici » (Agence Sébastien d'Assigny). Cadence info.

Com nous permet de découvrir Angélique Kidjo en profondeur (son humanisme et son féminisme) à travers cet entretien :

S. Folin : Bonjour, Angélique ! Votre tout dernier album s'appelle E.ve. Vous l'avez signé, dédicacé, à la femme africaine. Quel message avez-vous voulu faire passer ?

Angélique Kidjo : C'est la beauté de la femme africaine que l'on ne voit pas dans les médias. Ce n'est pas seulement la misère, car chaque fois que je me rends en Afrique, dans les villages, j'apprends énormément. Je reviens complètement blindée d'énergie positive. Il faut voir ces Africaines au-delà des clichés dont on nous bassine la tête depuis des siècles parce que ça réconforte une certaine supériorité. J'avais envie de désenclaver cette image négative de victime de la femme africaine et montrer, moi, « mes femmes africaines » qui existent là-bas.

S.F. : Et vous nous les faites écouter, puisqu'on les entend, ces femmes africaines, kenyanes, béninoises. C'est au Kenya que cette aventure a commencé.

A.k. : Le Kenya a été le déclencheur. C'est en 2011 que j'ai commencé ma thématique sur les femmes : la violence faite aux femmes, l'excision des femmes, l'éducation des femmes… C'était une collection de chansons qui était inspirée par mes différents voyages avec l'UNICEF. Nous y allions pour rencontrer les mères, leurs problèmes d'éducation, de vaccination…Après un moment émotionnellement assez difficile dans un village où je me suis retrouvée devant un enfant de 18 mois qui n'était pas bien nourri et qui n'arrivait même pas à s'asseoir tout seul, je me suis rendu compte que c'était une histoire beaucoup plus compliquée que la nourriture ou du rôle joué par l'homme par rapport à la famille… Je me suis dit : « Comment on va pouvoir réveiller ces hommes qui s'asseyent avec nous pour qu'on leur explique ce qui se passe ? ».

Quand je suis arrivée dans le deuxième village, les femmes avaient le même problème mais, en même temps, elles participaient aux structures qui avaient été mises en place par l'UNICEF avec leur concours, comment trouver les nutriments qu'il faut dans la nourriture de la vie quotidienne…Et quand je suis arrivée, elles m'ont vue tellement rétamée qu'elles ont commencé à chanter. J'ai commencé à ressentir alors des frissons dans mon dos. C'était comme un aimant qui m'attirait. J'ai été vers elles et j'ai commencé à chanter sans pour autant comprendre leur langue. Elles me regardaient comme si je venais de la planète Mars, se disant que les Ambassadeurs ne font généralement pas ça. J'ai revécu, et c'est parti de là. Je me suis dit : « Il faut que j'aille vers elles pour qu'on entende leurs voix ». Et leur réaction a été : « Tu es sûre ? ».

S.F. : C'est là que vous avez enregistré ces femmes kenyanes. Puis vous avez traversé le Bénin et où vous avez été dans plusieurs villages pour capturer les chœurs de ces femmes qui font des chansons traditionnelles, des chansons folkloriques. Des chansons que vous connaissez ou que vous avez découvertes ?

Angélique Kidjo : Souvent, ça part de la chanson traditionnelle pour aller vers autre chose. Elles avaient beaucoup de problèmes à chanter parce que je prenais seulement un bout du traditionnel et que je mettais le reste de côté. Elles me disaient : « Tu es sûre que l'on peut chanter ça ? ». Et je répondais « Mais si. Je vais vous apprendre ». Toutes les chansons racontent, en fait, des moments différents dans la vie d'une femme…Mais les problèmes de femmes, ce n'est pas seulement en Afrique, il y en a aussi dans les pays riches. Les bras m'en sont tombés quand j'ai su le nombre de femmes qui subissent des violences domestiques en France. Je me suis dit, ce n'est pas possible ! Les sujets des chansons vont de la beauté toute simple de la femme africaine, de son élégance, à son attitude de marcher droite, fière, quelles que soient les circonstances difficiles, à la maison ou dans la vie quotidienne. Elles ont toujours le sourire et une grande force intérieure ; c'est quelque chose dont le monde a besoin.

S.F. : Sur votre album, il y a beaucoup d'invités : le quartette Hronos, le philharmonique du Luxembourg, Docteur John et puis Asa. Pourquoi Asa ? Pour vous, elle symbolise la jeunesse de la femme africaine moderne ?

A.k. : Asa, je l'ai rencontrée au Malawi, il y a quelques années. Elle m'a demandé si elle pouvait faire ma première partie. Je lui ai dit « Bien sûr ! ». Je suis toujours partante pour donner l'opportunité à d'autres artistes de jouer avec moi ; et l'on est devenu des amies depuis ce moment-là…C'est vrai, pour moi, il y a une nouvelle génération d'artistes qui viennent d'Afrique et qui, avec internet, se rendent compte des difficultés rencontrées pour se faire connaître ; mais en même temps, cela leur permet aussi de voir le travail que font les autres, et de se rendre compte si elles sont au niveau ou pas…Dès le départ, j'ai senti chez Asa, cette envie de faire « sa » musique, et de la faire comme elle veut. Je lui ai dit : « Si tu pars dans cette direction, reste car ce n'est que comme ça que tu peux garder ton identité, et, en même temps, faire des chansons qui parlent de toi et d'où tu viens : ». Et c'est pour ça que je travaille avec Asa. Chaque fois que l'on travaille ensemble, c'est un vrai bonheur… Personnellement, je n'ai pas d'ego. Mon ego est au service de la chanson. Si les chansons sont belles, votre ego doit disparaître pour que cette chanson-là touche les gens. Si votre ego surpasse la chanson, elle ne touchera personne. Asa est dans cette démarche et quand on se retrouve pour chanter ensemble, on est dans la même mouvance et cela fait énormément plaisir. C'est génial.

S.F. : Il y a une autre invitée sur l'album, Yvonne Kidjo, votre mère, metteur en scène et chorégraphe. C'est elle qui vous a inculqué ces valeurs ?

A.k. : Ma maman m'a mise sur la scène quand j'avais six ans, car je n'arrêtais pas de lui bassiner la tête en lui disant : « Pourquoi ce n'est pas moi qui chante là, à la place de la petite fille dans le théâtre ? ». J'étais casse-pieds…C'est vrai, elle m'a inculqué à moi, comme à mes frères et sœurs et avec mon père, que quand on a la chance d'avoir quelque chose, il faut pouvoir le partager. Cela peut être l'amour que vos parents vous donnent, la compréhension, mais aussi l'ouverture d'esprit qui est un don que les parents transmettent parce qu'ils nous ont permis d'accéder à toutes les musiques qui existent pendant que je grandissais. J'ai eu de la chance d'avoir des frères beaucoup plus âgés que moi, d'écouter la musique de leur génération et qui n'était pas la mienne…J'étais comme une éponge qui absorbait tout. Cela me semblait normal. C'était la norme. Et pourtant, je me rends bien compte que non, que ce n'était pas la norme. Tous les enfants de mon âge n'écoutaient pas Jimi Hendrix, James Brown, Aretha Franklin ou la période des yéyés en France avec Johny Hallyday, Sylvie Vartan, François Hardy…Tous étaient à la maison et, par-dessus ça, on avait Edith Piaf Nougaro, Louis Armstrong ou Ella Fitzgerald. Avec le recul, je me suis dit : « Comment ai-je pu absorber tout cela ? »

S.F. : Vous venez d'évoquer Edith Piaf. Vous avez chanté à New-York en 2013 la chanson Johnny, tu n'es pas un ange, juste dans un arrangement très simple, guitare/voix. Une version extraordinaire. Parlez-moi de cette chanson…

A.K. : C'est ma fille qui l'a choisie, car j'adore travailler en famille. Ma fille a une oreille musicale assez extraordinaire…Vous savez, on apprend aux enfants à écouter notre musique. Ils aiment ou ils n'aiment pas. On ne leur impose pas. J'ai commencé à voyager avec elle quand elle avait 10 jours. Elle a développé cette curiosité musicale qui mélange tous les genres. Elle peut passer du classique à Janis Joplin…Et lorsqu'elle a découvert Edith Piaf, on en a bouffé pendant des mois. C'est elle qui m'a fait redécouvrir Johnny, tu n'es pas un ange quand on a rendu hommage à Piaf lors du festival de Montreux avec Jean-Baptiste Trotigonon au piano et Ceccarelli à la batterie et où j'ai chanté La Foule et Johnny, tu n'es pas un ange.

9

EDITH PULCHÉRIE GBALET

Edith Pulchérie Gbalet est une activiste et syndicaliste ivoirienne. M. Éric Coulibaly fait ici son portrait : « Titulaire d'un diplôme d'études approfondies (DEA), option sociologie, de l'université de Bouaké, elle a fait ses premiers pas dans la lutte corporatiste auprès de Basile Mahan Gahé. Durant plusieurs années, elle va se forger une carrure de combattante dans le syndicalisme, à la centrale Dignité. Elle deviendra membre exécutive de ce grand syndicat de travailleurs ivoiriens. A la fin de la crise postélectorale, face aux abus et aux injustices dont elle est témoin, elle s'engage dans la lutte pour la démocratie et les droits de l'homme à travers l'Action pour la restauration de la dignité humaine (ARDH). Inspirée par la marche des gilets jaunes, elle crée le concept de gilets oranges. Edith Pulchérie Gbalet lance le 10 janvier 2019, le jeudi Orange pour crier chaque semaine sa colère comme le font les gilets jaunes français tous les samedis.

Au lendemain du 6 août 2020, après l'annonce de la candidature du Président Alassane Ouattara pour un troisième

---

95

mandat, Edith Pulchérie Gbalet prend la tête des mouvements de protestation. Après les marches éclatées du 13 août, elle s'était adressée à la jeunesse ivoirienne en ces termes : « Nous appelons tous les Ivoiriens épris de paix et de justice à se lever. Nous demandons à toute la jeunesse de prendre son destin en main. Cette fois-ci la société civile prendra ses responsabilités. Nous annulons par conséquent notre rendez-vous du 14 août, pour inviter, le mardi 18 août prochain, à organiser dans tout le pays des marches éclatées contre ce troisième mandat qui viole la Constitution. Ivoiriens, Ivoiriennes, peuple de Côte d'Ivoire, où que tu sois, lève-toi avec nous pour dire « NON » à ce troisième mandat illégal, pour ainsi libérer ton pays de la dictature ».

Dans la nuit du samedi 15 août au dimanche 16 août, Edith Pulchérie Gbalet a été mise aux arrêts par les autorités ivoiriennes. Celle qui jusqu'à présent était une inconnue a réussi par son courage à se révéler au monde entier comme la figure de proue de l'opposition à un troisième mandat du Président sortant, Alassane Ouattara. Cette femme au caractère bien trempé est mère de trois enfants ». Dans cet article publié par New African, Laurent Allais nous raconte l'interpellation de Edith Pulchérie Gbalet. « En pleine période de tensions entre la Côte d'Ivoire et le Mali, mais aussi de réconciliation nationale, la militante associative Pulchérie Gbalet a été arrêtée pour ses agissements présumés contre l'action du gouvernement. Ses avocats dénoncent une procédure arbitraire.

La présidente du mouvement Alternative Citoyenne Ivoirienne (ACI), Pulchérie Gbalet, a été placée sous mandat de dépôt et déférée à la maison d'arrêt et de correction d'Abidjan, le 23 août 2022. La militante de la société civile avait été convoquée par la police, la veille et placée en garde à vue à la Préfecture de Police d'Abidjan. Selon ses avocats, trois chefs d'accusation sont retenus contre elle, notamment, d'« entente avec les agents d'une puissance étrangère de nature à nuire à la situation diplomatique de la Côte d'Ivoire », de diffusion de fausses nouvelles, de nature à attenter au moral des populations et d' « atteinte à l'ordre public ». Une information judiciaire a été ouverte. Pulchérie Gbalet s'est rendue récemment au Mali où sont détenus 49 soldats ivoiriens depuis le 10 juillet 2022 et où elle a eu une série de rencontres avec des personnalités sur place. Dès son retour à Abidjan, le 3 août, elle avait déjà été brièvement interpellée par la police avant d'être relâchée après une audition. Selon certains proches de l'activiste, la police aurait fouillé son domicile, sans présenter de mandat de perquisition. D'après les prévisions de certains médias ivoiriens, il serait reproché à Pulchérie Gbalet d'avoir contacté les parents des 49 soldats ivoiriens détenus au Mali, pour leur tenir des propos hostiles à l'action du gouvernement dans cette affaire. Elle aurait convié ces parents à une réunion, le 22 août, à Yopougon. Avec des « complices », elle aurait émis la volonté de créer un collectif de parents dc militaires afin de mener des initiatives en faveur de leur libération.

De son côté, Pulchérie Gbalet considère que le gouvernement abandonne les militaires à leur sort parce qu'il refuse de présenter des excuses au gouvernement malien. Ce faisant, lui reproche le gouvernement ivoirien, elle ne fait que relayer les arguments de la junte malienne selon laquelle la Côte d'Ivoire serait derrière les attaques terroristes au Mali, aux côtés de la France. Selon ses avocats, elle a été arrêtée alors qu'elle se rendait à la préfecture de police pour récupérer son passeport et son téléphone portable confisqués lors de la première audition. Ses avocats ont protesté contre cette procédure hors de tout cadre légal.

« Finalement, elle a été gardée à vue et c'est le 23 août au matin que le commissaire a appelé un confrère pour lui demander de venir assister sa cliente pour cette procédure. Il lui a dit « non, que ce n'est pas comme ça que ça se passe », a expliqué l'un de ses avocats, Maître Lambert Kouamé Bene. Selon qui « cette manière cavalière d'interpeller les gens n'est pas digne d'un Etat de droit ». D'ailleurs, ses trois avocats ont décidé de ne pas participer à la procédure ;

ils ont alerté les autorités et organisations internationales, pour qu'elles s'emparent de cette opération peu ordinaire dans un pays. Cette arrestation intervient alors que du côté du gouvernement ivoirien, on laisse entendre une issue rapide (et heureuse) pour les 49 soldats ivoiriens détenus au Mali. Cette affaire a fait l'objet de discussions entre la junte malienne et le président Macky Sall du Sénégal. Pourtant, ces soldats ont été formellement inculpés et écroués pour atteinte à la sureté de l'Etat. Les Ivoiriens attendent un geste du Mali après la prise de fonction du nouveau Premier Ministre. Abdoulaye Maïga. Pulchérie Gbalet est une « habituée » des déboires avec la police de son pays. En 2020, elle avait été arrêtée pour sa participation active aux manifestations contre la candidature d'Alassane Ouattara à un troisième mandat. Figure de la société civile ivoirienne, elle se définit comme « apolitique » mais ses détracteurs la décrivent comme proche des partisans de Laurent Gbagbo. Titulaire d'un DEA en sciences sociales, Pulchérie Gbalet poursuit des recherches en sociologie au Bureau national d'études techniques et de développement. Elle a derrière elle une longue expérience de la lutte syndicale et du combat associatif ».

Le message émouvant de Pulchérie Gbalet depuis la préfecture de police

« Bonjour à tous ! Depuis le début de ce combat, vous m'avez toujours démontré votre soutien et je ne cesserai jamais de vous dire merci. Quelle que soit l'issue de cette journée, sachez que ce qui m'arrive est juste la volonté de Dieu. N'en voulez à personne et continuez de prier. A travers cette photo, vous constaterez ma détermination d'aller jusqu'au bout. Je vous aime. Votre PEG Nationale ». Le Journal Informateur nous décrit Pulchérie Gbalet ainsi : « l'activiste au parcours atypique ».

Pulchérie Gbalet et les interpellations répétées

Pour rappel, libérée après une première interpellation à son retour du Mali, Pulchérie Gbalet avait réagi, déclarant ne rien se reprocher. L'activiste de la société civile avait été interpellée à l'aéroport international Félix Houphouët-Boigny d'Abidjan, le mercredi 3 août 2022 avant d'être libérée dans l'après-midi du jeudi 4 août 2022. Elle avait été gardée à vue dans les locaux de la police. « Je ne me reproche rien, on veut juste m'intimider », avait ironisé Pulchérie Gbalet alors qu'elle rentrait du Mali où elle avait séjourné à l'invitation de la société civile malienne. Bien avant, faisant suite à la déclaration du Président Alassane Ouattara du 6 août 2020 annonçant sa candidature à la présidentielle du 31 octobre 2020, Pulchérie Gbalet avait appelé lors d'une conférence de presse, le lundi 10 août 2020, à des manifestations contre un troisième mandat du Président Alassane Ouattara. Cinq jours plus tard, elle a été arrêtée en compagnie de deux de ses collaborateurs par des hommes encagoulés avant d'être écrouée à la Maca, le 21 août 2020. Formellement inculpée pour « destruction volontaire de biens publics, convocation à un attroupement, participation à un mouvement insurrectionnel et atteinte à l'ordre public ». Elle a été libérée sous condition le 28 avril 2021.

Quel est son combat ?

Pulchérie Gbalet est très engagée dans la lutte pour les droits humains. Son credo est la lutte contre les injustices sociales, la réconciliation nationale et surtout la formation. Elle est convaincue que c'est par la formation que les citoyens prennent conscience et s'engagent à lutter pour leur bien-être (sociologue comme Aminata Dramane Traoré). En 2016, elle lance le Forum des organisations de la société civile (FORSCI) et plaide pour la réconciliation, la paix, l'amnistie pour les prisonniers politiques et l'indemnisation des victimes de la guerre. C'est une combattante très vaillante, brave et intrépide. « Je suis consciente d'être dans un environnement non sécurisé, mais il ne faut pas que les choses s'arrêtent à moi. Sans moi, le peuple doit pouvoir continuer la lutte. On ne peut me convaincre d'arrêter le combat », dit-elle à ceux qui s'inquiètent pour elle. La lutte est pour elle un sacerdoce. Pulchérie Gbalet est également la fondatrice de l'Action pour la Restauration de la Dignité Humaine (ARDH). D'après l'article de Généviève Madina. Lemediacitoyen. com décrit Pulchérie Gbalet : « Pulchérie Edith Gbalet, artisane d'un projet de loi sur la réconciliation des Ivoiriens après la crise post-électorale de 2010 (amnitie, libération des prisonniers politiques, réparations, dédommagement des victimes) ».

10

THERESA BOUAMS

Bouamoutala Fortunée est une jeune congolaise. Elle est mannequin et chanteuse. Découvrons-la en profondeur dans un entretien qu'elle a eu avec Les Dépêches du Bassin du Congo (LDBC).

LDBC : Comment vous définiriez-vous ?

T.B. : Je me définis comme une guerrière car j'ai toujours ressenti en moi un feu qui prône la justice, le développement et le changement.

LDBC : Comment s'est fait le passage du mannequin à la jeune militante panafricaine ?

T.B. : Il s'est fait naturellement au moment où je me suis plongée dans l'histoire de notre continent qui curieusement n'est pas enseignée dans les écoles, les églises et pire encore dans nos familles ou dans notre communauté. En tant qu'opératrice culturelle, il est très important pour moi de connaître l'histoire de mon pays et de notre continent car l'envol de l'Afrique ne concerne pas seulement le secteur du mannequinat mais aussi d'autres domaines artistiques marginalisés.

LDBC : Quel est l'élément déclencheur qui vous a poussée à changer de barque ?

T.B. : C'est le fait que 90 % de mannequins de mon pays et aussi d'autres pays d'Afrique ont pour ambition d'aller s'installer en Europe ou en Amérique pour mieux gagner leurs vies et, moi aussi, j'étais dans le lot. C'est ce complexe d'infériorité qui a vraiment été la sonnette d'alarme dans mon combat.

LDBC : Chrétienne pratiquante à la base, aujourd'hui vous militez pour le retour aux traditions. Comment vous le vivez ?

T.B. : Aucun peuple ne peut se développer en se basant sur les principes d'un autre peuple car même les peuples sédentaires qui ont appris la spiritualité en Afrique ont à leur tour adapté cela à leurs propres traditions d'origine. Je ne dis pas que le christianisme occidental est mauvais mais plutôt que c'est une tradition qui n'est pas adaptée à mes valeurs en tant que Bantu. Ma conversion n'a rien à voir avec un quelconque effet de mode. Plusieurs jeunes Africains prônent le retour aux sources dans la tradition africaine comme moi.

LDBC : Et qu'attendez-vous de la jeunesse congolaise qui est votre première cible ?

TB : On sait que le moteur du développement d'un peuple est sa jeunesse. Mon combat est que la jeunesse africaine et précisément celle du Congo apprenne l'histoire de nos aïeux et qu'elle valorise notre héritage (nos langues, notre philosophie, nos prénoms bantus, notre spiritualité…).

LDBC : Avez-vous mis fin à votre carrière de mannequin ?

Non. J'ai juste fait une pause, afin de mieux situer mon combat en tant qu'une opératrice culturelle, afin de faire la promotion et la défense de notre patrimoine culturel (Berna Marty)

La Congolaise 242 nous présente ainsi Theresa Bouams comme une passionnée de la mode, pratiquant le mannequinat, la coiffure, le maquillage et la musique depuis son jeune âge. Elle a déjà fait plusieurs podiums nationaux et internationaux. Elle a été élue « Top Model » en 2017 lors du Carroussel de la mode dans la catégorie « mannequin féminin », via Akim Le Negro, cette artiste en pleine expansion qui a accordé une interview.

ALN : Bonjour ! Peux-tu te présenter ?

T.B. : Je suis Boualoutala Fortunée Theresa (Theresa Bouams) ; j'ai 20 ans, je suis étudiante en communication, 3eme année de licence à la faculté de Lettres et des Sciences Humaines de l'université Marien Ngouabi et je suis une passionnée de la mode, de la musique ainsi que tout ce qui tourne autour de la beauté d'une femme.

ALN : Peux-tu nous parler de ton métier de mannequinat ?

T.B. : Cela fait 4 ans depuis que je fais le mannequinat. J'ai participé à pas mal d'événements dans mon pays et en Afrique centrale grâce à madame Pascaline Kabre qui travaille en partenariat avec L'Agence JMA international basée en Afrique de l'Ouest, précisément au Benin. En effet, ce métier qui était auparavant un passe-temps est devenu une passion pour moi car je le vis avec beaucoup de plaisir, même si au niveau de l'Afrique centrale il y a encore du travail à faire et que les gens pensent que nous sommes des prostituées face au comportement de certaines filles. Moi, je dirai que c'est un métier comme tout autre mais il est très mal présenté et très mal enseigné pour certaines personnes.

ALN : Quelles sont les difficultés que tu y rencontres ?

T.B. : Les difficultés que je rencontre sont nombreuses : par exemple, il y a des gens qui vendent le rêve aux mannequins surtout sur le net afin de les arnaquer ; je l'ai déjà vécu personnellement. Il y a également des photographes qui abusent sur les droits des mannequins et s'enrichissent derrière leurs dos. Je remercie Dieu pour mon cas car je suis entre de bonnes mains jusqu'ici et je l'espère autant pour plusieurs autres mannequins.

ALN : Parle-moi de ton passage en Afrique de l'Ouest.

T.B. : Mon passage en Afrique de l'Ouest a été une très grande bénédiction, je l'avoue. Car c'est vraiment par là que j'ai réellement appris ce qu'est véritablement un mannequin avec l'aide de Monsieur John Medhard de l'Agence JMA Internationale. Celui-ci a pris la peine de nous édifier en deux mois sur la profession de mannequinat sur le thème : « qui est un mannequin ». Je n'avais jamais su que le mannequin avait aussi des droits ; qu'il soit dans une agence ou indépendant, il devrait être supervisé par un manager. Le mannequin au Congo ne peut avoir de valeur que si les mannequins se levaient pour réclamer leurs droits et prouver qu'ils existent réellement et que leur travail, qui est le nôtre, doit se faire respecter comme tous les autres métiers de la mode.

ALN : Quel reproche fais-tu aux mannequins de ton pays, le Congo ?

T.B. : L'unique reproche que je ferai aux mannequins de mon pays : c'est de leur rappeler qu'être mannequin ne veut pas dire se prendre en photo avec des appareils les plus chics au monde ou de monter sur les plus beaux podiums ; le mannequinat est au-delà de tout cela. Soyez des exemples positifs pour un futur meilleur et ayez des ambitions positives et visez l'intérêt commun.

ALN : Quelle est ta vision de cette profession ?

T.B. : J'aimerais que l'Afrique centrale donne une place de choix aux mannequins. Je voudrais qu'on comprenne que le mannequinat n'est pas quelque chose de futile ni une perte de temps mais plutôt un secteur rentable qui peut également contribuer dans l'assiette fiscale de nos pays surtout en cette période de crises, comme l'ont compris aujourd'hui plusieurs pays européens, asiatiques, occidentaux.

ALN : Comment arrives-tu à gérer tes études, le mannequinat et autres activités ?

T.B. : Pour moi, les études, le mannequinat, la coiffure, le maquillage, la musique et ma vie de jeune entrepreneure constituent les éléments d'un seul et même ensemble. Certes que j'ai souvent du mal à m'organiser sur mes emplois du temps mais je place toujours mes priorités en avant et je finis toujours par m'en sortir. Je suis une fille ambitieuse, battante et qui est consciente qu'il faut d'énormes sacrifices pour réussir.

ALN : Un dernier mot pour cet entretien et à nos lecteurs ?

T.B. : J'ai bien aimé cet entretien car il m'a permis de partager en quelques mots ma passion pour le mannequinat avec tout le monde. Force à vous les mannequins du Congo. Continuons à croire à notre potentiel et à travailler dure avec beaucoup d'abnégation (AKIM LE NEGRO).

Theresa Bouams est panafricaniste, kemite, afrocrate (afrocratisme, notre doctrine). Elle est une grande patriote africaine. Elle défend avec ferveur, passion, intrépidité, opiniâtreté, la culture et la civilisation authentiques, traditionnelles de son continent. Elle défend la dignité et la souveraineté de l'Afrique. Elle possède la conscience politique, géopolitique et historique. Cela est inestimable et essentiel pour nous. « Bon, prend d'abord ce verre de vin-d 'eau puis assieds-toi puis répète après moi, grum grum, bon, allons :

A partir de maintenant, moi (tu mets ton nom), je décide et je prends l'engagement de transférer ma haine en ZOLA (amour).

Mes critiques négatives en critiques positives, mes justifications en silence, mon orgueil en humilité et mon énergie de se plaindre au travail.

Et surtout au lieu de pointer du doigt les problèmes de mon pays, je décide plutôt de contribuer à leur solution et déjà pour commencer, car je m'engage à me rééduquer dans un patriotisme-économique radical soit : la consommation du made in Africa et surtout à soutenir tout nouveau jeune Africain dans le développement de ses entreprises comme : # Theresa-Bouams avec la sortie de son tout premier single # nkunga. Apprenez à encourager vos frères et sœurs dans leurs travaux. Achetez cet album dont le lien est : https://shopamusic.com /produit/theresa-bouams-nkunga ».

Theresa Bouams défend également la cause des Pygmées et combat l'esclavage. « Mon poste sur la situation d'esclavage des Pygmées ou autochtones m'a déjà de nouveau créé beaucoup d'incompréhensions. Je pense que le problème est dû au fait qu'on s'exprime dans les langues des autres. Vu que je m'adresse à un public francophone, je n'ai donc pas le choix…Qu'est-ce qu'un esclave ? L'esclave est une personne qui n'est pas de condition libre : il appartient à un maître exerçant sur lui un pouvoir absolu. Qu'est-ce que l'esclavage ? L'esclavage est un système socio-économique reposant sur l'exploitation d'êtres humains, qui ne fonctionne que sous la contrainte et par la violence. Beaucoup m'ont dit qu'il ne s'agissait pas de l'esclavage or il y a certains Pygmées qui travaillent dans des champs de leurs maîtres et évacuent à certaines corvées par contraintes. Ils ont en tête un fort sentiment de complexe d'infériorité. Autrement dit, ils se sentent immédiatement inférieurs à nous…vu qu'ils ne sont également qu'une minorité.

Ceci est une réalité qui est très méconnue. Et moi, qui en parle, je prends des risques en dénonçant cela. Mais quand tu sais que tu vis déjà dans ta mort et que la mort fait partie de la vie, plus rien ne pourra t'arrêter…Aussi des ONG qui s'organisent afin d'envoyer ces Pygmées ou autochtones dans les écoles qui détiennent un système scolaire colonial. Vous n'êtes pas différents des colonisateurs car vous contribuez à un très grand ethnocide et à une grande et forte aliénation culturelle. Qu'est-ce qu'un ethnocide ? L'ethnocide est la destruction de l'identité culturelle d'un groupe ethnique, sans nécessairement détruire physiquement ce groupe et sans forcément user de violence physique contre lui.

Qu'est-ce qu'une aliénation culturelle ? C'est le fait d'accorder peu de valeur à sa propre culture et d'opter plutôt pour la culture dominante. Il faut une masse de jeunes avertis comme moi afin de prendre des cours sur le dialogue des cultures afin d'instaurer un certain équilibre intellectuel entre les peuples autochtones et nous. Il nous faut des députés capables d'apprendre et de comprendre la notion de dialogue des cultures afin de voter des lois qui vont aider à ce que la culture des peuples autochtones ou pygmées soit préservée à jamais…

Matondo pour votre compréhension et je vous invite massivement à noter les différents problèmes qui minent vos sociétés afin de faire de cela votre combat ; moi, j'ai opté pour le dialogue entre cultures sur l'échelle nationale, internationale et intercontinentale tout en étant une opératrice culturelle reconnue par mon Etat ».

Dans ce même élan, Theresa Bouams écrit : « Tous les combats sont importants et utiles. Mais la plus grande forme de l'hypocrisie est d'être capable de fermer les yeux devant un problème qui se trouve à 10 minutes de chez toi afin de concentrer ton énergie à un problème qui se trouve à 7000 km de chez toi.

*Nous, Africains, avions-nous déjà intégré la consommation des produits africains ?

*Nous, Africains, avions-nous déjà intégré le fait de mettre en valeur nos propres frères et sœurs ?

*Nous, Africains, avions-nous déjà intégré la notion de patriotisme dans sa forme la plus profonde ?

*Nous, Africains, sommes-nous prêts à donner nos vies pour nos propres frères et sœurs africains ?

*Nous, Africains, avions-nous déjà établi des programmes ou projets qui vont aider à l'évolution de nos quartiers, villes et pays ?

*Nous, Africains, avions-nous pensé à mettre en place un système de valorisation et de promotion digne de ce nom pour nos propres cultures et traditions ?

Je n'indexe personne en particulier. J'expose juste une situation et j'en profite pour saluer le courage et la bravoure de tous ceux et de toutes celles qui mettent déjà en pratique les points que je viens de souligner. Soyez Amour et paix car c'est ensemble que nous allons avancer.

Vive le dialogue des cultures ! Gloire et honneur à nos ancêtres au nom de TAMAMPUNGU TULENDO, INGETA ! ».

11

SYLVIE BAÏPO TEMON

Sylvie Baïpo Temon est une Centrafricaine. Elle est économiste de formation, cadre au sein de la direction financière d'une banque française. A partir de 2003, elle s'est engagée pour son pays. De décembre 2014, à juin 2015, elle sera porte-parole du comité ad hoc diaspora pour la paix en RCA. En ce moment, elle travaille sur un bloc dont l'objectif serait de faire découvrir la Centrafrique : son histoire, ses maux, ses tares, ses défis, ses enjeux et perspectives. Aujourd'hui, elle est la ministre des Affaires étrangères de son pays. Découvrons-la à travers cette interview qu'elle a accordée au journal Sputnik.

Sputnik : L'année dernière, la République Centrafricaine faisait l'actualité en raison des affrontements inter-religieux. Qu'en est-il aujourd'hui ?

Sylvie Baïpo Temon : Les médias occidentaux ont présenté le conflit centrafricain comme étant un conflit inter-religieux. Cela n'est pas exact. Le conflit centrafricain issu du dernier coup d'Etat mené par la milice Seleka est né d'une crise politique. D'ailleurs, la Centrafrique depuis son indépendance en 1960 n'a connu que des cycles de violences liés à une instabilité politique chronique. De 1960 à 2015, la Centrafrique n'a connu qu'une seule élection présidentielle libre et transparente. Hormis le régime du défunt président Ange-Félix Patassé, tous les régimes ont été mis en place par un recours systématique à la violence (coup d'Etat). Pour revenir à la crise issue du dernier recours à la force, orchestrée par la Seleka et ayant amené au pouvoir Michel Djotodjia. L'origine de cette crise est politique et elle a glissé parce qu'aucune solution politique n'a été trouvée par les parties prenantes en conflit de société à caractère religieux et cela uniquement sur la base de manipulation des hommes politiques. Pour faire cours à son avènement, la Seleka a manipulé la population de religion musulmane pour obtenir à la fois :

-Un soutien moral : le nord-est du pays a toujours été négligé pour ne pas dire abandonné par les autorités centrafricaines (tout régime confondu).

-Un soutien financier : la population de religion musulmane possède la plupart des commerces et est fortement implantée dans l'exploitation du diamant. Elle est donc une maille financière importante. Durant le régime du Général Bozizé, les diamantaires ont été fortement pénalisés par les abus du pouvoir en place. Politiquement, la Seleka a justifié son coup d'Etat par une révolte de la population du Nord qui a été trop lésée jusqu'à cette date. Alors qu'il s'agissait uniquement de mercenaires étrangers à 60 % (Tchadiens et Soudanais) qui ont rallié par la manipulation politique d'autres mercenaires centrafricains. D'ailleurs, parmi les mercenaires de la Seleka, on retrouve les mêmes qui ont appuyé le Général Bozizé lors de son coup d'Etat de 2003. Des mercenaires insatisfaits par le régime qu'ils ont aidé à l'époque à mettre au pouvoir.

Notons qu'une guerre ou un conflit ne se passe pas sans répercussions sur la population civile et qu'un mercenaire est un criminel. Dans leur marche vers la prise du pouvoir à Bangui, les Selekas ont volé, violé, pillé, tué la population et majoritairement la population de religion chrétienne. Celle-ci en riposte à ces exactions et abus de la Seleka, a réagi en formant des groupes d'auto-défense qu'ils ont appelés les anti-balles AK. Il s'agissait uniquement de paysans usés, fatigués et livrés à eux-mêmes. Il y a eu une récupération politique de ces groupes d'auto-défense anti-balles AK qui a donné naissance aux milices Anti-Balakas. Et de là, le conflit politique s'est transformé en conflit de société à caractère religieux.

Pourquoi il s'agit d'une manipulation politique ? D'abord, dans les différents groupes armés (Selekas et Anti-Balakas), il y a eu des scissions. Et ceux qui continuent à semer les troubles sont ceux qui se réclament des deux anciens présidents déchus (Bozizé et Djotodjia), ils sont appelés les Nairobistes (du fait de l'accord signé à Nairobi). La situation d'aujourd'hui est que les affrontements à caractère religieux sont localisés dans les quartiers à forte concentration des partisans des présidents déchus. Des crimes et exactions sont savamment orchestrés, tout cela pour maintenir une tension tant que les différents groupes armés n'obtiennent pas gain de cause. Il faut garder en mémoire que les accords de Nairobi n'ont rien donné pour les protagonistes.

A aujourd'hui, la population non partisane de ces groupes est prise en otage. Un groupe d'individus, des mercenaires et bandits sèment la terreur et la population non armée subit les exactions des uns et des autres. Nous en avons eu la preuve lors du passage du Saint Père (le Pape François), les Centrafricains musulmans et les Centrafricains chrétiens étaient ensemble pour accueillir le Pape. Lors du referendum qui a eu lieu le dimanche 13 décembre, la population musulmane qui a souhaité faire valoir ses droits et devoirs citoyens a subi les foudres de la fraction Seleka. Le bureau de vote a fait l'objet de tirs faisant 2 morts et des blessés. Encore une preuve que les conflits ne sont pas d'ordre religieux mais uniquement de la manipulation. Les médias diffusent des informations qui entraînent de la confusion ; il est important que chaque Centrafricain et chaque Centrafricaine s'efforcent à établir la vérité.

Sputnik : On avait beaucoup parlé de la nécessité d'une réconciliation nationale. A-t-elle globalement eu lieu ? Si non, quelles seraient les raisons ?

Sylvie Baïpo Temon : Un forum a en effet eu lieu en mai 2015, mais nous ne pouvons pas parler d'un forum de réconciliation nationale. Déjà parce que la réconciliation n'a pas eu lieu. Des affrontements persistent, de manière localisée. Les groupes armés détiennent encore une bonne partie du territoire centrafricain. Récemment, nous avons eu une nouvelle déclaration choc de la fraction Seleka installée au Nord du Centrafrique qui a décrété la partition du pays. De plus, cette même coalition a indiqué qu'elle s'opposerait à l'organisation des élections annoncées pour fin 2015, dans les zones qu'elle occupe. Ce que nous retenons du forum, c'est qu'il a eu lieu mais son issue a été aussi éphémère et chaotique que son déroulement. Personnellement, ce n'est pas une surprise car en Centrafrique on organise des dialogues sans vraiment se fixer d'objectifs à atteindre, sans réellement y travailler de manière sérieuse, sans prendre la mesure de la gravité de la situation et surtout sans aucune méthode. Pour mener une démarche de réconciliation, il faudrait en comprendre le sens, comme l'ont fait avec succès d'autres pays ayant vécu des situations toutes aussi atroces, voire au-delà, que celle de la Centrafrique. Il ne s'agit point d'organiser un regroupement de personnes où les gens se retrouvent, se saluent, partagent un café et repartent avec leur perdiem. Non, il s'agit d'entreprendre, de faire un point sur notre histoire, d'identifier les ennemis, de permettre l'expression de tous, de pousser à la prise de conscience les auteurs des crimes. Globalement, la volonté du forum aurait dû être celle d'affronter la situation, de parler de ce qui fâche et divise, cela pour arriver à le surmonter ensemble. C'est un pan de notre histoire qu'il nous faudra graver et apprendre à vivre avec. Le forum ne s'est pas attaché à faire en sorte de ne plus vivre cela, de cesser les incitations au recours à la force comme seul moyen d'accéder au pouvoir.

Pour atteindre l'objectif de la réconciliation, il aurait fallu et il faut que la démarche de dialogue soit initiée et réalisée dans un cadre légitime et de confiance, c'est-à-dire pas par les autorités du pays qui sont de fait juges et parties. Pour preuves de l'incohérence entre ce qui est dit et ce qui est fait, la cheffe de la transition avait nommé comme président de ce forum, un ancien chef de rébellion. Comme quoi, en Centrafrique, nous avons encore un long chemin à entreprendre pour marcher sans béquilles. La démarche doit concerner toute la population et non une partie de celle-ci triée sur le volet. Il aurait fallu aussi opter pour un médiateur neutre et hors de la sous-région.

Avant le dialogue, il y a eu ce que les autorités ont appelé des consultations populaires et le résultat de ces consultations a été faussé. Le peuple s'est exprimé mais finalement les revendications et souhaits n'ont pas été pris en compte. Pourquoi ? Il faut retenir que c'est ainsi qu'on incite à la formation de rébellions et de groupes armés ». Dans le journal, Le Potentiel, Sylvie Baïpo Temon dit : « Le Conseil de sécurité des Nations Unies est toujours fondé sur des principes datant de l'ère coloniale qui limitent l'Afrique à un simple rôle de spectateur dans les affaires qui la concernent. Tant que l'Afrique ne prendra pas la plume pour écrire son histoire, elle restera privée de son droit souverain de décider elle-même de ce qui la concerne ».

12

TAMU MAZAMA

Tamu Mazama est une jeune femme noire. Elle est née à Philadelphie, aux Etats-Unis d'Amérique. Elle a pour mère, Ama Mazama dejà présentée dans ce livre. Tamu Mazama a passé beaucoup de temps en Guadeloupe (pays natal de sa mère), dans les Caraïbes orientales. Elle est une lectrice passionnée et une grande voyageuse. Elle a séjourné dans cinq continents et 36 pays. Elle a passé plusieurs mois au Brésil où elle a étudié le portugais et le vodou. Les voyages ont contribué énormément à son éducation à domicile. Cela lui a permis de visiter des sites historiques importants, de savoir beaucoup de choses et de participer à des événements réels. Dès l'âge de 16 ans, elle a écrit son premier livre. « Ses expériences de vie ont façonné sa vision très unique et mature de la vie. Son intérêt pour l'environnement et la grave crise écologique ont été suscités par des voyages en Haïti, en Australie et en Afrique. Ainsi à bien des égards, l'histoire, « 17 saisons sèches chez les adolescents », est la réflexion de Tamu Mazama sur l'état du monde, à travers ses propres voyages et ses propres yeux. L'auteur parle beaucoup de langues. Cela lui a également ouvert de nombreuses portes. Elle écrit de la poésie, aime la photographie et joue de la guitare tout en chantant ses propres compositions. Elle s'est produite à Rio de Janeiro (plage d'Ipanema), à Genève, à Philadelphie, à Yaoundé, à Abidjan, à Paris, en Martinique, en Guadeloupe etc. Elle fréquente l'université et se spécialise dans le cinéma et les études afro-américaines pour continuer à raconter des histoires dignes d'être racontées » (african-history 224).

En parcourant Facebook, nous avons trouvé ces mots traduisant la philosophie, la mission et l'idéal de Tamu Mazama. « We all have a role to play in the liberation and consciousness of our people.

No one is better than the other, we all have our contribution to make, our paths to walk, our destinies to fulfill. We all have a purpose, a reason that we are here.

I thank the Orishas for allowing me to live that mission, to live out that purpose, to find freedom in what I was sent to do.

Kama, you are a witness that my heart is sincere.

Unity is our aim, and victory is our destiny. Ase.

Traduction

Nous avons tous un rôle à jouer dans la libération et la conscientisation de notre peuple. Nul n'est meilleur à l'autre. Nous avons tous des contributions à faire ; nous avons du chemin à faire.

Nous avons tous un but, une raison d'être dans le monde. Je remercie Orishas qui me permet d'accomplir ma mission, d'atteindre mon but, de trouver la liberté dans ce que je dois faire.

Kama, tu sais que mon cœur est sincère. L'Unité est notre but et la victoire est notre destinée.

OGUN

Baba OGUN

You are the general of the army

You the one who commands

Baba OGUN

You are the Orisha who paves the way

Baba OGUN you are the fiercest of all warriors

You stand where there is justice meaning that

You often stand alone.

OGUN, you are the restorer of harmony

You are iron, you do not break

Let us call OGUN to inspire us, instill courage

In us and lead us to truth.

Ase.

Conclusion

L'histoire impose actuellement un devoir impérieux ou une obligation formelle et des contraintes absolues à toutes les femmes du monde. Elle les invite à se mobiliser, à s'organiser et à se battre pour sauver l'humanité. Elle recherche des héroïnes, des braves, des Amazones, des guerrières intrépides partout dans le monde pour la guerre de libération, de protection, de sauvetage de la vie humaine et de la civilisation. Le continent africain abrite quelques-unes de ces femmes. Au nombre de celles-ci, il y a Nathalie Yamb, Amina Fofana, Farida Bemba Nabourema, Ama Mazama, Sylvie Baïpo Temon, Tamu Mazama, Aminata Dramane Traoré, Fatou Diome, Angélique Kidjo, Theresa Bouams, Edith Pulchérie Gbalet, Eben Bouanay et autres. Ce qui caractérise, avant tout, ces femmes est la lucidité, la sagacité, l'esprit critique, la conscience historique, la conscience politique, géopolitique, géostratégique, géo-économique, géoculturelle et le patriotisme. Les héroïnes africaines sont toutes marquées par leur militantisme au panafricanisme, à l'afrocratisme (notre idéologie et philosophie en faveur de l'Afrique. Voir nos ouvrages intitulés « L'Afrocratisme contre le nouvel ordre mondial, La Philosophie de l'esprit africain), au kemitisme, à l'afrocentrisme et à l'humanisme. La plupart des femmes sont leurs contraires. Elles sont des esclaves résignées, inconscientes, lâches, irresponsables, indifférentes à leur condition d'esclaves. Elles subissent le cours macabre de l'histoire tragique. Elles acceptent l'inacceptable. Elles n'osent jamais se plaindre ni se battre pour essayer de changer les choses ou d'améliorer le sort de l'humanité dans ce monde injuste, violent et unipolaire.

Cela s'explique sans doute par le fait que la plupart des femmes dans le monde, et surtout en Afrique, n'ont pas eu la chance de fréquenter les écoles qui ouvrent les yeux à tous et éclairent les esprits. Il s'agit, notamment, des écoles égyptologiques et non des écoles coloniales, néocoloniales, impérialistes des Occidentaux qui abrutissent et aliènent les gens. Celles-ci fabriquent des moutons servant à nourrir et à entretenir ad aeternam vitam les prédateurs, les négriers et les colonisateurs de tout acabit. Contre ces écoles de malheur, il y a heureusement l'école salvatrice de feu Cheikh Anta Diop qui a formé de grands esprits comme feu Omotunde Kalala, Jean-Charles Coovi Gomez, Théophile Obenga, Doumbi Fakoly et autres. Cette école Diopienne est en train de désaliéner et de libérer beaucoup d'Africains de la domination intellectuelle, culturelle, mentale et spirituelle. Une révolution culturelle est en cours grâce à l'idéologie appelée le panafricanisme qui s'inspire du Diopisme ou de l'égyptologie vulgarisée. Cette idéologie forme des patriotes révolutionnaires, « démoutonise » les Africains. Désormais, beaucoup d'Africains ne sont pas infantilisables, transformables en zombies, en agneaux dociles, obéissants, soumis, aveuglés, lobotomisés.

Le panafricanisme, le Diopisme, l'afrocentrisme et l'afrocratisme préparent les jeunes africains à la renaissance africaine en combattant les dogmes, les préjugés racistes, négrophobes, les mensonges esclavagistes, colonialistes, impérialistes. Un lavage de cerveau positif ou catharsis est en train de se faire de façon dynamique chez les jeunes africains (kamites). L'empire du mensonge, de la violence et du mal s'écroule. L'Afrique refait surface. Elle renaît de ses cendres. Elle se redresse, se tient debout, lève la tête et contemple le soleil. Elle reprend ses valeurs ancestrales millénaires. L'heure est désormais au kemitisme, à la réhabilitation des traditions des kemites. La page historique noire est tournée ou presque. L'européocentrisme et l'occidentalocentrisme sont désormais enterrés ou presque. Beaucoup de Noirs ne croient plus aujourd'hui que leurs bourreaux et prédateurs occidentaux leur aient apporté la civilisation, la science, la philosophie, la technologie, la religion, la connaissance, la morale, le droit, l'humanisme, l'art. Ils pensent plutôt le contraire. L'Afrique est le berceau de l'humanité et de la civilisation. Cela veut tout dire. Le premier homme est noir et son créateur est noir. Dieu, le créateur qui a créé l'homme à son image et à sa ressemblance, est logiquement et réellement NOIR. Cela est indubitable et incontestable. Sauf par mauvaise foi extrême et digne de démon. La lumière Diopienne a effacé l'obscurité et le mensonge. Les Africains, qui étaient dans le complexe d'infériorité et qui se méprisaient et se détestaient eux-mêmes, rejettent, combattent aujourd'hui l'occidentalocentrisme et sont très fiers de leur africanité. Le modus vivendi africanus est très prisé maintenant. C'est très à la mode au nom de la renaissance africaine, du retour à soi, à ses racines et à son identité ontique et civilisationnelle. L'heure de la résistance au mimétisme servile et au syndrome de Stockholm a sonné chez les Noirs. La politique de « peau noire et masque blanc » est abolie par l'influence du Diopisme, du panafricanisme, de l'afrocentrisme et de l'afrocratisme. C'est un renversement de paradigme total ou révolution mentale, culturelle. Nous allons vers la fin de l'hégémonie blanche. L'Africain Diopiste, afrocrate et afrocentriste refuse de vivre, de parler, de penser et d'agir comme Blanc. Il a réussi à évacuer le mythe du Blanc civilisé, intelligent, bon, beau, divin, ainsi que le mythe du Noir sauvage, idiot, méchant, ignorant, laid, démoniaque. Son modèle, son canon, son repère, son étalon de mesure de l'humanité, de la civilisation et des valeurs sont désormais l'« africanité » ancestrale, maâtique, le kemitisme. Il fait donc la guerre à la négrophobie systémique exogène et endogène, à l'auto-aliénation, à l'autoflagellation, au mimétisme servile, à l'exotisme pathologique (voir les discours de Ama Mazama, Aminata Dramane Traoré, Theresa Bouams, Angélique Kidjo…).

Nous ne voyons plus notre noirceur comme une malédiction divine mais bien plutôt comme une bénédiction inespérée (vive la mélanine !). Chaque NOIR se veut donc maintenant plus fortement noir… génétiquement et culturellement. Il n'a plus peur ni honte de sa noirceur. « Je vous remercie, mon Dieu, de m'avoir créé noir ». Tel est le nouvel esprit de l'Africain décomplexé et désaliéné. Son paradis est l'Afrique et son enfer l'Occident. L'Africain Diopien a changé sa vision du monde, sa perception de soi, de l'histoire. C'est un changement positif de mentalité, de paradigme culturel. C'est un retour à soi, à son histoire, à sa source, une réconciliation avec soi, avec ses ancêtres, avec sa civilisation authentique, kemite. C'est une reconversion psychologique qui entraîne la destruction de la mentalité toxique, anti-patriotique, anti-kemite, anti-panafricaniste. Cette reconversion mentale nous donnera beaucoup d'autres amazones. Elle nous donnera des guerrières et des guerriers plus braves et plus intrépides. Nous voulons de plus en plus de héroïnes en Afrique. Il faut que toutes les femmes africaines deviennent des kamites fières et heureuses d'être noires. Vive KAMA !

Résumé Du Livre

Ce livre est destiné à la création des femmes révolutionnaires, patriotes, panafricanistes et des héroïnes en Afrique. C'est un manuel de la renaissance africaine. C'est aussi une école humaniste pour l'avènement d'un monde multipolaire salutaire.

Biographie De L'auteur

Dr François Adja Assemien est né le 15 mars 1954 en Côte d'Ivoire. Il a étudié les lettres classiques (latin et grec), les sciences humaines et la philosophie. Titulaire du Doctorat d'Etat en philosophie et de la Licence de sociologie, il s'est consacré à l'enseignement de la philosophie à l'université, à l'écriture et à la recherche académique. Il parle et écrit trois langues vivantes que sont le français, l'anglais et l'allemand. Il est auteur de plusieurs ouvrages publiés en France et aux Etats-Unis d'Amérique (romans, essais, nouvelles, pièces théâtrales). Il est également créateur de plusieurs concepts tels l'afrocratisme, la philocure, la sidarologie, la conscience africaine…

Il est enfin artiste musicien, chanteur, compositeur et guitariste. Il vit aux Etats-Unis d'Amérique.